民族地区高校就业指导探究

刘昌滨　赵盼　著

中国纺织出版社有限公司

图书在版编目(CIP)数据

民族地区高校就业指导探究 / 刘昌滨, 赵盼著. -- 北京：中国纺织出版社有限公司, 2023.4
ISBN 978-7-5229-0582-2

Ⅰ.①民… Ⅱ.①刘… ②赵… Ⅲ.①民族地区－高等学校－毕业生－就业－研究－中国 Ⅳ.①G647.38

中国国家版本馆 CIP 数据核字(2023)第 084158 号

责任编辑：张 宏　　责任校对：高 涵　　责任印制：储志伟

中国纺织出版社有限公司出版发行
地址：北京市朝阳区百子湾东里 A407 号楼　邮政编码：100124
销售电话：010—67004422　传真：010—87155801
http://www.c-textilep.com
中国纺织出版社天猫旗舰店
官方微博 http://weibo.com/2119887771
三河市宏盛印务有限公司印刷　各地新华书店经销
2023 年 4 月第 1 版第 1 次印刷
开本：787×1092　1/16　印张：9
字数：168 千字　定价：98.00 元

凡购本书，如有缺页、倒页、脱页，由本社图书营销中心调换

前　　言

民族地区大学生是民族地区人力资源中不可或缺的重要组成部分,也是实现民族地区人力资源可持续发展的关键。在国家加快民族地区发展,促进各民族共同繁荣,大力扶持民族高等教育,建立人力资源强国的大背景下,民族地区高校大学生职业发展与就业创业已成为一个紧迫性的现实问题。

本书结合了笔者自身的工作实践和经验以及当下民族地区高校毕业生就业创业的特殊性,在相关研究的基础上,对当前民族地区高校大学生职业发展与就业创业指导工作进行了深入而系统的研究。本书从民族地区实际出发,挖掘内部自身潜力和资源,并探讨了民族地区高校大学生职业发展与就业创业指导工作的有效途径和措施,提出了加强职业生涯规划和就业指导,开展个性化就业创业指导,转变大学生就业观念,培养职业生涯规划意识与创新创业精神,提升就业竞争能力,从而实现充分就业。这不仅能破解当下民族地区人力资源问题和民族院校大学生就业难题,填补民族地区高校大学生职业发展就业创业指导工作一些空白;同时,还能为高校和当地政府行政管理者提供借鉴和参考,有利于推动区域协调发展进程和促进民族地区跨越式发展。

本书理论与实践相结合,充分反映了笔者在教育教学和实践等领域的探索,也凸显了育人情怀和执着追求,相信对民族地区高校大学生的职业发展观、价值观和就业创业意识的树立以及综合竞争能力的提升必然起到积极作用。

本书共分为六章,第一章阐述了职业生涯规划概述;第二章阐述了大学生职业生涯规划的制订与实施;第三章阐述了民族地区高校大学生求职技巧;第四章阐述了民族地区高校大学生创业指导;第五章阐述了民族地区高校大学生就业准备;第六章阐述了地方性民族院校就业指导研究。

由于笔者水平和时间有限,书中一些观点可能存在不足和有待完善之处,恳请读者批评指正。

作　者

2022 年 12 月

目　　录

第一章　职业生涯规划概述 ··· 1
第一节　职业生涯规划的内涵 ·· 1
第二节　职业生涯规划的基本理论 ·· 9
第三节　职业生涯规划的影响因素及意义 ·································· 12

第二章　大学生职业生涯规划的制订与实施 ································· 17
第一节　确定职业目标 ·· 17
第二节　制订职业生涯规划 ·· 23
第三节　撰写职业生涯规划书 ·· 33
第四节　大学生职业生涯规划的实施 ······································ 37

第三章　民族地区高校大学生求职技巧 ····································· 45
第一节　就业求职策略 ·· 46
第二节　民族地区高校大学生求职的技巧 ·································· 54

第四章　民族地区高校大学生创业指导 ····································· 77
第一节　创业训练 ·· 77
第二节　民族地区高校大学生创业准备 ···································· 80
第三节　创业计划书的撰写 ·· 82
第四节　创业成功 ·· 90
第五节　创业必备的智慧 ·· 91
第六节　民族地区高校大学生社团锻炼 ···································· 95

第五章　民族地区高校大学生就业准备 ····································· 99
第一节　民族地区高校大学生求职法律知识准备 ···························· 99
第二节　民族地区高校大学生求职就业遇到的问题 ·························· 99
第三节　民族地区高校大学生求职就业的法律准备 ·························· 101
第四节　签约的法律注意事项 ·· 102

第五节 民族地区高校大学生就业心理调适 ……………………… 109

第六章 地方性民族院校就业指导研究 …………………………… 113
  第一节 地方性民族院校就业指导师资队伍建设的现状与对策研究 …… 113
  第二节 浅析"全员化、信息化"视角下民族地区高校就业信息服务对策 …… 117
  第三节 地方性民族院校实现高质量就业指导的原则与措施 ……… 121
  第四节 开创民族地区高校学生就业创业工作新局面 …………… 124
  第五节 加强民族大学生个性化就业指导策略研究 ……………… 129

参考文献 ……………………………………………………………… 135

第一章 职业生涯规划概述

古语说:"凡事预则立,不预则废。"职业生涯规划的理论和实践同我们职业的成功乃至人生的成功密切相关,而大学生职业生涯规划更是个人走向职场的基础性准备工作。从跨进校门的那一刻开始,大学生们就需要在规划中前行,并通过实践来完善规划。

第一节 职业生涯规划的内涵

一、职业生涯的内涵

"生涯"的英文是 career,来自罗马文 via carraria 和拉丁文 carrus,意思为古代战车,后来引申为人生的发展道路,又指生活中各种事件的演进方向和历程。"生涯"的概念是广于"职业"的。我们可以将"生涯"理解为介于"生命"和"职业"之间的概念,它的外延并未大到与"生命"等同,但也未小到与"职业"等义,其内容是比较宽泛的,具有丰富的内涵与自身的特性。

职业生涯是个人一生的职业道路和发展历程。纵观个体职业生涯进程,个人的特质和经验,包括心理特质、生理特质、家庭背景、外部环境状况及地震、意外、疾病、死亡等不可预测的因素,都对个体的职业生涯产生一定影响。在这个进程中,我们也不难发现职业生涯的特点。

(一)独特性

职业生涯是个人依据人生理想逐渐开展的一种生命历程。每个人的职业生涯都会有自己独特的发展轨迹,也许某些人在形态上有相似的地方,但其实质则各具特色。

（二）阶段性

职业生涯会随着年龄和阅历的增长分为不同阶段，人在不同阶段需要完成的任务及承担的角色也有所不同。

（三）发展性

职业生涯是随着外部环境和自身条件的变化而不断发展与完善的，即是一个动态的发展历程。不同阶段随着职业生涯的目标逐步实现，人生视角更为广阔，正所谓"登高望远"，追求的目标也会不断提升。

（四）互动性

职业生涯并不是独立的，个人的职业生涯与社会、文化、政治、经济等因素息息相关，同时也与自身的生活学习、家庭等密不可分。

二、职业生涯规划的概念

职业生涯规划又称为"职业生涯设计"，普遍认为是著名管理学家诺斯威尔（William J. Rothwell）首先提出这个概念的。他认为，职业生涯设计就是个人结合自身情况及眼前制约因素，为自己实现职业目标而确定行动方向、行动时间和行动方案。尽管之后其他学者对职业生涯规划的概念各有不同的理解，但理解上的差异并不能掩盖职业生涯规划在人们观念中的共识。应该说，诺斯威尔的定义从一开始就为职业生涯规划定下了基调，具有典型的意义。对职业生涯规划概念的认识，应着重把握以下三点。

（一）职业生涯规划分为认知、设计、行动三大部分

职业生涯规划是一种复合化的行为过程，应包括认知、设计和行动三大部分，三者环环相扣，浑然一体。

1. 认知

认知包括对人生理想、职业价值观、兴趣爱好、个性特征、能力状况等主体方面的认知，也包括对家庭条件、社会环境、职业分类、工作性质的认知，还包括对职业生涯规划理论和方法的认知。

2. 设计

设计是指个体根据认知为自己有针对性地树立职业目标、制订实施方案、确定阶段任务。

3. 行动

行动，即将设计的内容付诸实施。

（二）职业生涯规划深受客观条件的影响

职业生涯规划受客观条件的显著影响，概括来说，包括以下几方面。

第一，职业生涯规划属于一种社会科学，本身无法做到像自然科学那样严谨精确。

第二，职业生涯规划的调整是主体与客观因素的适应关系，但客观上的因素是无法完全预料的。职业生涯规划所能做到的是根据既有的因素去安排路线和行动，在客观因素变化时，也能运用合理的方法去应对。但是，如果没有这些准备，在面对新情况时，也很难找到合理的方法解决，所以，职业生涯规划为个体的发展提供的并非如建筑图纸那样的细致无缺，它提供的是让我们合理有序发展的框架。❶

（三）职业生涯规划以职业实现和职业维持为中心，同时包含对性情培养、家庭角色扮演、生活方式和状态等非职业因素的规划

对于大多数人而言，职业是物质生活来源的基础，也是心理塑造的重要因素，正因如此，职业生涯规划才会成为一个独立的研究主题，甚至在某种意义上说，职业生涯规划可以等同于生涯规划。所以，职业生涯规划的核心是找到适合自己的理想职业，并得以维持。但是，职业的实现和职业的维持不是孤立的，它们需要生涯的其他方面作为支撑。比如，家庭的建立往往有助于职业因素更大地发挥作用，家庭的建立形态等也会影响职业的选择，同时家庭的建立也会影响职业结束后个体的归属。所以，职业生涯规划是关于个人生涯较全面的规划过程。

三、职业生涯规划的特征

职业生涯规划具有显著的特征，概括来说，主要包括以下几方面。

（一）时间性

职业生涯规划有一个时间跨度。按照规划时间的长短，个人职业生涯规划可分为短期规划、中期规划、长期规划、人生规划四种类型。人们通常是长短期并举，首先确定人生规划、长期规划，而在操作层面上则把中期规划作为个人职业规划的重点。因为时间太长的规划因环境和个人自身的变化很难具有操作性，时间太短的规划意义又不太大，而中期规划既易依据现有条件做，又便于根据规划执行的反馈信息及时调整规划的策略与内容，因此，更具可操作性。

（二）个性化

每个人的成长环境、文化背景、职业目标、对社会的认知等不尽相同，所以，不同的人的职业生涯追求不同，规划也不相同。因此，职业生涯规划必须由自己来做，别人是无法代替你的。每个人的个人职业生涯规划都具有强烈的个性特征，是个性化的发展蓝图，虽有共同的规律，却没有固定模式，只能由个人根据自己的实际情况制订。

---

❶ 李金亮，杨芳，周欣. 大学生职业生涯规划［M］. 长沙：湖南教育出版社，2019.

（三）开放性

个人职业生涯规划要置身于社会环境、组织环境和他人的影响之中。因为人是社会性动物，一份有效的职业生涯规划必须是在对主客观条件审度的基础上，广泛听取他人的意见之后才制订出来的。而且，在这个开放变化的社会里，有效的个人职业生涯规划要经历数次的修正和调整，绝不是一成不变的。

四、职业生涯规划的原则

原则是行动的基本规范，也是行动取得预期效果的行动指南。良好的职业生涯发展规划应既有利于个人职业生涯活动有出色的表现，又有利于个人的整体发展、家庭生活质量的提高和社会的和谐进步。因此，要做一份良好的职业生涯规划，就必须遵守下列基本原则。

（一）实用性原则

一份职业生涯发展规划不管表面多么诱人，都得经过实践考验。因此，在进行职业生涯规划时必须讲求简便易行的实用性原则。在实用性原则里，应考虑目标是否符合自己的性格、兴趣和特长，能否在规定的时间内完成，实现目标的途径是否能在自己的特质、社会环境、组织环境等范围内执行，可行性有多大；在执行职业生涯发展规划的过程中，自己能否随时掌握执行的情况、能否进行有效的评估等。

（二）可行性原则

职业生涯发展规划涉及很多具体的任务和实施步骤，因而，要求规划者不仅要具备规划的意识，更应在规划中体现操作的程序环节。一份好的职业生涯规划，其可操作性最终会落实为时间、地点、资源、对象和程序的具体化内容，以此保证规划可以通过实施者的行为活动而得以完成。规划要依据个人的特点、社会的发展需要来制订，若是具体规划，还不可避免地要明确其中的人、事、物相关资源的取得、调整和利用等操作手法。

（三）针对性原则

在现实生活中，每个人的成长方式和发展历程是不同的，每个人的生活习惯和性格爱好也是不同的。因此，尽管很多人的专业和从事的职业工作相同，但他们并不能通用一份职业生涯规划。在通常情况下，对使用者来说，个别化的职业生涯规划才是好的职业生涯规划。这是因为一份好的、充满个性和有针对性的职业生涯规划，其出发点是指向使用者本人的，是能够体现其个性、个人特质和其个别化的资源配置和利用的。因此，在制订职业生涯规划时，也一定要遵循针对性的原则。

（四）阶段性原则

阶段性原则指的就是在进行职业生涯设计时，要充分考虑自身所处的不同发展阶段，有目的、有步骤、有计划地调整和安排各个不同阶段的职业生涯规划。人生所处的阶段不同，生活的主要内容以及奋斗目标也会有所不同。

（五）独立性原则

独立性原则是指在进行职业生涯规划时要有自己的主见，根据自己的志向和判断独立做出职业选择，不能过分依赖他人，更不能把自己的命运决定权交给他人。在大学生择业时，其周围的人，如父母、亲戚、朋友和老师等，都会给出一些建议，提出他们的期望。这些建议与期望的出发点都是好的，但是，他们的价值观和考虑问题的角度不可能与大学生自己的想法完全一致。所以，他们的建议未必会符合大学生个人的发展实际。比如，有的大学生家长可能一心期望自己的孩子能成为一名政府官员或是成为一名教师，于是劝自己的孩子进入机关或学校工作，但大学生自己却觉得官场与学校的生活都不适合自己，而更愿意在技术领域做出一番成就，这时候就需要大学生自己进行人生的考虑，自己拿主意，把握命运，毕竟只有自己才最了解自己，才清楚自己的长处与短处。

（六）明确性原则

规划是预测未来的行动、确定将来的目标，规划中的各项措施与行动应该有清晰明确的时间表，各项主要行动何时实施、何时完成，应有明确的时间和顺序上的安排，以作为检查行动的依据，及时进行评估和修正。

（七）能力特长原则

任何一种职业都需要一定的能力，不同的职业有不同的能力要求。任何一种职业技能都是经过学习和培训才能为劳动者所掌握的。在对自己的能力特长有一个正确认识和评价的基础上，根据自己的能力、特长来规划职业生涯是十分重要的。

（八）职业发展原则

职业是个人的谋生手段，其目的在于追求幸福。当目前的职业很难成功，或眼前的工作尽管能带来稳定的收入和不错的福利，但不能长久发展时，应遵循职业发展的原则，重新择业，找一份真正适合自己发展的工作。

（九）社会需求原则

选择职业作为一种社会活动，必然受到一定的社会制约。大学生择业时，应积极把握社会对人才的需求动向，把社会需要作为出发点和归宿：以社会对个人的要求为准绳，既要看到眼前利益，又要考虑长远发展；既要考虑个人因素，也要自觉服从社会需要。

（十）全面评价原则

对一个人职业生涯的全过程和全方位评价就是全面评价。按照人际关系范围，可以将职业生涯是否成功的评价分为自我评价、企业评价、家庭评价和社会评价4类评价体系

(表1-1)。

表1-1 职业生涯的全面评价

评价方式	评价内容	评价标准
自我评价	1. 自己的才能是否充分施展； 2. 是否对自己在企业发展、社会进步中做的贡献满意； 3. 是否对自己职称、职务、工资待遇的变化满意； 4. 是否对处理职业生涯发展与其他人生活动的关系的结果满意	根据个人价值观念及个人知识能力水平
企业评价	1. 是否有下级、平级同事的赞赏； 2. 是否有上级的肯定和表彰； 3. 是否有职称、职务的提升或职务责、权、利范围的扩大； 4. 是否提高其工资待遇	根据企业管理体系、企业文化及企业总体经营结果
家庭评价	1. 是否能够得到家庭成员的理解； 2. 家庭成员是否能够给予支持和帮助	根据家庭文化
社会评价	1. 是否有社会舆论的支持和好评； 2. 是否有社会组织的承认和奖励	根据社会文明程度及社会历史进程

五、职业生涯规划的五种基本能力

(一) 认识能力

了解自己的兴趣、能力、性格和职业价值观，喜欢从事学术研究的人和喜欢从事务实工作的人在职业生涯规划上有很大不同；前者考虑大学毕业后继续深造，培养研究能力；后者可能考虑先直接工作。如果不能对自己有一个正确的认识，往往会舍其所长，就其所短。

(二) 生涯决策能力

生涯决策通常由设定目标，制订行动计划，找出各种行动方案、评估可能结果的利弊得失、系统排除不适用的方案和开始行动几部分组成。一些理想型的大学生在就业过程中容易出现生涯决策犹豫的心理，从而错失就业良机。

(三) 收集有关生涯发展信息的能力

了解各种职业的结构，包括专业学科用人趋势经济状况、社会需求以及发展的空间与前景等。对周围环境认知不确切，对环境估计不足会出现坐等心理。

(四) 发展推销自己的能力

找工作除了自身实力外，还需要提高求职技能。如参加和学习与就业方向有关的暑假工作、社会实践活动；撰写专业学术文章，提出自己的见解；积极参加招聘活动；进行模拟面试训练、强化求职技巧等。

（五）了解自己所追求的生活形态，发展适应工作的能力

职业没有高低贵贱之分，做到极致都可以成功。不同的职业决定个人在什么样的环境下工作、和什么样的人共事以及每天的作息、休闲、家庭生活如何等。当然，有时也会碰到许多挫折和不快，使我们产生怀疑，这时就要学习一些自我调适的方法。当你修正自己的做法后，如果还是成效不大，无法平复内心的不满、压力和倦怠感，这时你可能变了，以前的兴趣就已不再适用了。这时，你可能要回到职业生涯规划的某一点，再次找寻一个适合你成长后的职业生涯。也有可能，你需要检视自己在工作、情感和自我成长这三件大事上是否取得了平衡，毕竟生命是一段旅程，而不是目的地。

六、职业生涯规划的误区

（一）认为兴趣就是职业

在现实生活中，有些大学生喜欢将兴趣当作自己的职业目标，其实兴趣并不等于职业。在进行职业生涯规划时，我们的确应该将兴趣爱好作为选择职业的重要因素，但不是唯一因素。一旦把兴趣爱好与工作职业合一，人生的三角平衡就会被打破，就要忍受工作中的更多寂寞和孤独。

（二）认为职业生涯规划不需要进行调整与修改

职业生涯规划是一个不断发展的过程，保持灵活性、适时地评估与调整是非常必要的。整个社会大环境在发生变化，职业本身也在发生变化，应对这些变化的唯一方法就是做好规划和准备。有效的职业生涯规划必须处理好灵活性与稳定性之间的关系。当然，调整也应适度适时，绝不能朝令夕改。如果规划不断地修订与变化，也将很难发挥其引领作用。

（三）过分否定自己

进行职业生涯规划时都需要进行自我评估，其目的在于找出自己的优势和不足，从而找出适合自己发展的职业目标。但很多人看不到自己的优势所在，对自己过分否定，从而丧失信心，制定的职业目标过低，不利于个人职业的发展。

（四）目标设置过高

拿破仑曾说过"不想当将军的士兵，不是好士兵"，这说明一个人，应该有远大的志向，但是在现实生活中，将军的位置毕竟很少，如果大家的目标都是当将军，丝毫不考虑自己的能力高低，那么势必会有主观愿望与客观条件产生差距的情况存在，从而导致在执行规划时会产生很多挫折。因此，判定职业前程时，要从实际出发，切实可行。

（五）守株待兔

很多人坚信成功者是由于有好的运气，碰上了好的机会。因此，他们就如同守株待兔中的那个农夫一样，天天等待着"兔子"到来，而不是主动规划自己、武装自己，去寻找"兔子"。这样的人，即使有"兔子"出现在他们面前，他们也会因为自身的准备不足而与"兔子"失之交臂。

（六）只考虑个人兴趣和爱好

有些大学生在选择专业时由于种种原因，选择的专业与自己的兴趣爱好并不相同，甚至有可能截然相反，比如，有些人虽然没有选择音乐专业，但是很喜欢唱歌，希望成为歌手，如果自身不具备一定的演唱天赋，这个职业目标就是很难实现的。因此，只有兴趣爱好，只有对某种职业的热情而不具备相应的能力，这样的职业生涯规划是没有意义的。

（七）见异思迁

有些学生在制订职业生涯规划时，盲目跟风，制订好了以后，看到这种职业收入高就想从事这种职业，看到那种职业收入高又想从事那种职业，变来变去没有定性，从而导致职业生涯规划根本不起作用，这就违背了制订职业生涯规划的初衷。

（八）不知变通

有些大学生在做规划时花费大量时间和精力寻找"最佳规划"，希望"一次规划，终身受益"，做规划时不根据变化状况和较好的时机做出灵活调整。实际上，并不存在十全十美的职业生涯规划，由于外部环境变化、价值观的改变及自身能力的提高，职业生涯规划需要不断调整、不断创新。也就是说，把握职业生涯规划的时间，根据各种变化来调整自己的规划安排是必不可少的一环。

（九）不予重视

当今大学生不重视职业生涯规划，许多人认为职业生涯规划应该是在开始工作时才进行制订，工作前没必要考虑。这种择业的盲目性延长了职业生涯的试错过程，最终的结果很可能就是频繁地变换工作，很难进入职业稳定期。

面对大学生就业难的问题，许多高校开展了针对毕业生的集中性就业辅导工作，纷纷开展职业规划指导与毕业生就业指导等相关活动。但是，很多高校相关指导课程社会实用性不强，学生对职业规划的认可度不高、自觉性不够，就业指导沦为求职面试前的"临阵磨枪"，使其本身存在价值大打折扣。目前，多数高校把就业指导等同于职业生涯规划，以就业形势、就业政策、择业技巧为内容，忽视了这些客观环境与学生主观状况之间的联系，使其失去了为在校生进行职业素养培养与衡量标准的功能，导致学生对职业生涯规划的内涵及意义模糊，难以将所学与自身情况相结合，认为职业规划的可操作性意义并不大。

（十）不切实际

与不懂得进行职业规划的大学生相反，有的人"为保险起见"会规划多条发展路径，但路径之间缺乏内在联系，这些路径的发展方向模糊不清，这势必会导致在实际选择中犹豫不决，不利于生涯规划的实施。而且，许多大学生在做职业规划的时候，不根据自身实际情况，不能很好地认识自己，比如，分不清擅长的和喜欢的、分不清业余爱好和职业才能，频繁更改自己的职业规划，对工作认识也不全面。

此外，大学生在职业规划方面存在的误区还有以下几方面。

第一，错误地把职业规划等同于职业目标和学习计划，要明确职业目标不仅是知识的积累，更需要综合技能的提升。

第二，认为高学历代表高能力，意味着高收入，因此，将更多时间用于提升自身学历上，而忽略了自身实际能力的培养。

第三，不能很好地执行已经制订的职业生涯规划，没有实现行动与规划的真正统一，并且事后没有采取措施去补救，导致最终忘却自己的规划，职业规划如同纸上谈兵，并没有起到实际效果。

第四，盲目地借鉴高年级学生或者其他学生的职业生涯规划，不能认识到与他人之间存在的各种差异，不能更好地结合自己的特长以及自己在性格、特长、学识、技能、组织、协调、适应力、创造力等方面的不同。

第五，对外部职业信息不能有一个明确的认识，仅仅通过网络等间接渠道很难体会到职场的真实状态。而职业生涯规划是动态的，要结合这些实际信息进行规划、调整，才能达到更好的效果。

第六，自我分析不够全面，甚至过于片面，表现为高估自己的能力或者放大自己的不足，这是非常不利的。例如，如果过分低估自己的实际能力，耗费大量的时间、精力去改造自己的缺陷，倒不如用同样的时间、精力去锻炼，去提升自己的优势，或许会有意想不到的收获。人无完人，认清自己的劣势，尽可能发挥自己的优势，是对个人资源的最好利用。

第二节 职业生涯规划的基本理论

一、人职匹配理论

（一）帕森斯的特质—因素理论

帕森斯的特质—因素理论是由美国职业指导专家弗兰克·帕森斯创立的，继而由威廉逊·佩特森发展成型，这是在西方国家最为古老而且应用范围最广的一种理论，在职业指导中一直处于主导地位，对世界各国影响较大。1908年，帕森斯在波士顿创办职业指导局，这可以说是职业指导的起点。1909年，他出版《选择职业》一书，第一次系统阐述了科学的职业指导理论，即特质—因素理论。特质就是人的生理、心理特质或总称为人格特质，因素是指客观工作标准对人的要求。

根据特质—因素理论，在职业选择过程中，应按照以下几个步骤进行。

（1）分析个人的特质，即评价个人的生理和心理特征。

（2）人职匹配，个人在了解自己的特点和职业要求的基础上，选择一项既适合自己特点，又有可能获得的职业。

（3）分析各种职业对人的要求。

（二）霍兰德职业性向理论

美国约翰·霍普金斯大学心理学教授约翰·霍兰德于1971年提出了职业性向理论（career orientation）。该理论源于人格心理学的概念和大量职业咨询的实践研究，霍兰德从整个人格角度考察职业的选择问题。其理论体系较为完整，也易于操作。在该理论中，霍兰德将人们的工作环境划分为现实型、研究型、艺术型、社会型、企业型和常规型六种，并将不同职业归属到其中的一种工作环境中（图1-1）。

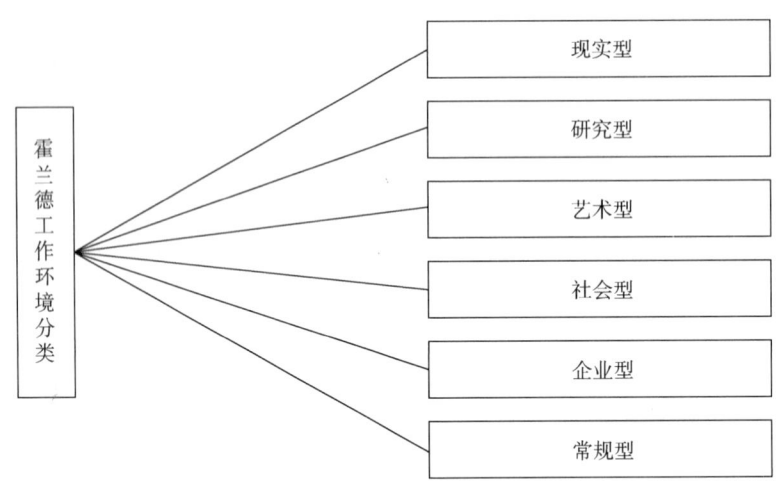

图1-1　霍兰德工作环境分类

我们可以把这些类型作为一种模型来衡量真实的人。一种职业环境能够吸引相应性向的人进入这种环境工作。这种职业性向包括价值观、兴趣、动机和需要，这些因素也决定了个体的择业倾向。

二、职业发展阶段理论

职业生涯规划是一个动态的过程,不同职业生涯发展阶段对职业选择也存在着较大的影响。无论是从人的心理发展的内在规律来看,还是从社会活动的变化加速对之产生的影响来看,人的职业心理总是处于一种动态的发展过程中,因而个性与职业的匹配是不可能一次就完成的。比较具有代表性的是舒伯和施恩的职业理论。

(一) 舒伯的发展阶段理论

对于具体阶段的划分,不同的专家学者有不同的观点,而我们常见的,也是最具权威性的观点就是舒伯(Super)的生涯发展阶段理论。舒伯认为职业生涯是一个连续渐进的过程,人的职业生涯发展可以分为成长、探索、建立、维持、衰退五个阶段(表1-2)。

表1-2 职业生涯发展阶段论

阶段	内容
成长阶段	0~14岁属于成长阶段,在这个阶段,儿童开始辨认他们周围的事物,开始发展自我概念,学会以各种不同的方式来表达自己的需要,并逐渐意识到自己的兴趣所在以及与职业相关的一些最基本的技能
探索阶段	15~24岁属于探索阶段,这一阶段是学习打基础的阶段。在这一阶段,青少年开始尝试一些自己感兴趣的职业活动,对自我能力以及角色、职业进行探索
建立阶段	25~44岁属于建立阶段,这一阶段是人选择和安置的阶段。该阶段的发展任务是个人致力于在适当的职业领域稳定下来,巩固地位,并力求晋升。大部分人在建立阶段处于最具创造力的时期。在这一阶段,个人开始尝试选择适合自己的职业领域,开始考虑如何保住该职位并固定下来
维持阶段	45~64岁属于维持阶段,这一阶段是人的升迁和专精阶段。该阶段的发展任务是维持既有的成就和地位。在这一阶段,个人通过不断努力来获得职业生涯的发展
衰退阶段	65岁以上属于衰退阶段,这一阶段是人的退休阶段。该阶段的发展任务是注重发展新的角色,寻求不同方式以替代和满足需求

(二) 施恩的职业锚理论

职业锚理论是由美国麻省理工学院斯隆商学院、美国著名的职业指导专家埃德加·H. 施恩教授领导的专门研究小组在对该学院毕业生的职业生涯研究中演绎而成的。

21世纪以来,影响大学生职业锚的主要因素是能力、动机与需求、价值观、兴趣爱好和职业性向。当代大学生应当结合自身因素寻找自己的职业锚,尽早做好职业定位,不断探索开发自身潜能,准确把握求职就业方向,取得与自己能力相称的成就,塑造成功的人生。

三、明尼苏达工作适应论

该理论起源于美国明尼苏达大学,由罗圭斯特和戴维斯提出的强调入境符合的心理学理论发展而来。简单来说,就是只有当工作环境能满足个人的需求(内在满意),个人也能满足工作的技能要求(外在满意)时,个人在该工作领域才能够得到持久发展。该理论不再强调选择、强调适应,而是强调入境符合的适应论,认为选择职业或生涯发展固然重要,但就业后的适应问题更值得注意。尤其对于障碍者而言,在工作上能否持续稳定,对其生活信心与未来发展都是重要的课题。基于此种考虑,戴维斯等人从工作适应的角度分析适应良好与否的因素。❶

每个人都会努力寻求个人与环境之间的适配性,当工作环境能满足个人的需求(satisfaction),又能顺利完成工作上的要求(satisfactoriness)时,符合程度随之提高。

但个人与工作之间存在互动的关系,符合与否是互动过程的产物,个人的需求会变,工作的要求也会随时间或经济形势而调整,如个人能努力维持其与工作环境间符合一致的关系,则个人工作满意度越高,在这个工作领域也越持久。

第三节 职业生涯规划的影响因素及意义

一、职业生涯规划的影响因素

影响职业生涯规划的因素有很多,概括来说,主要包括以下几方面。

(一)健康因素

健康对于职业选择特别重要,几乎所有的职业都需要健康的身心。有人问,古希腊哲学家赫拉克利特身体健康的重要程度,他说:"如果没有健康,智慧就无法表露,文化就无法施展,力量就无法战斗,知识就无法利用。"

(二)年龄因素

年龄对职业生涯规划的影响也不容忽视。对工作的态度和看法、对机会尝试的勇气、完成任务的能力和经验,不同年龄的人表现都有所不同。古人所谓"三十而立,四十而不惑,五十而知天命,六十而耳顺"是有深刻道理的。

---

❶ 马天威. 大学生职业生涯发展指导[M]. 沈阳:东北大学出版社,2017.

（三）性别因素

虽然男女平等的观念已普遍被现代社会所接受，但传统观念"性别因素"仍然在职业中起着不可忽视的潜在作用。因此，在规划职业生涯和求职时，要做好充分的思想准备，寻求与性别相适宜的、与理想相统一的职业，有助于自己走向成功。虽然由于工作性质的不同，有一些工作适宜女性，有一些工作适宜男性，但男女具有同等的发展机遇，只要我们努力，每个人都能实现自己的职业理想。

（四）性格因素

性格在我们的职业乃至一生中都会起很大的作用，我们也会常常听到"性格决定命运"这样的话，但是我们又有几个人真正了解自己的性格呢？每个人都会有自己独特的个性，所以，每个人的职业和人生也就不同，正是因为性格不同也就造就了形形色色的人。

（五）兴趣因素

兴趣对职业生涯的规划影响巨大。在影响个人职业生涯规划与发展的众多主观因素中，兴趣就像一双无形的手，对职业生涯的发展来说至关重要。现在有很多人在从事自己不喜欢的工作，这也是造成职业倦怠和职业边缘化的一个主要原因。

（六）家庭经济情况因素

家境的优劣也是影响职业生涯规划不可忽略的要素。家庭负担重的人，家庭责任感会使自己有着更大的就业压力，甚至会改变原来规划好的职业目标。因此，我们在进行职业生涯规划时，必须考虑家庭状况，以平衡家庭责任与理想之间的关系。

（七）社会环境因素

社会环境因素决定了社会职业岗位的数量结构层次，同时也决定了人们的职业观念，决定了就业的方式、职业观和个人职业生涯的历程。比如，目前我国市场就业机制的建立和发展，学校推荐，双向选择，自主择业，竞争上岗；国有企业的改革调整；职工下岗再就业机制的不断完善等。在这种状况下，某些行业劳动力相对过剩，岗位相对减少，若得到一个比较理想的职业，必然会加倍珍惜，工作态度和敬业精神就显得非常重要。

（八）受教育程度

教育是赋予个人才能、塑造人格、促进个人发展的活动，教育程度是事业成功不可缺少的条件。获得不同教育程度的人，在个人职业选择时，具有不同的能量和作用：受教育程度较高的人，在就业以后会有很大发展，在职业不如意时，再次进行职业选择时能力和竞争力也较强；受教育程度低的人，在职业选择和发展时相对处于劣势。此外，人们接受教育的专业、学科门类及层次对职业生涯也起着重要的决定性作用。

二、职业生涯规划的意义

职业生涯规划不仅能够帮助个人实现目标,而且能帮助个人真正地了解自己。概括来说,职业生涯规划的意义包括以下几方面。

(一) 职业生涯规划能够帮助大学生树立正确的择业观念

时下就业市场上之所以会出现"公务员热""金融热""房地产热"等现象,很重要的原因就是很多大学生没有正确的择业观念,而一味地追随大流,或者仅仅认识到社会环境对职业发展的影响,而没有考虑到自我的身心特点和未来发展的目标。没有正确的择业观念,带来的结果往往是就业中的四处碰壁,或从事了一个不适合自己的职业,导致个性被压抑,能力被限制,生活上郁郁寡欢,事业上步履维艰。"三百六十行,行行出状元。"对于有抱负的人而言,其实大多数职业都有广阔的施展空间,都能给人生带来成功的荣耀。正确的择业观念应当是自我认识、环境认识、价值目标认识的系统结合。而职业生涯规划可以帮助个体在此基础上树立具体的、有针对性的择业观念,从而对机遇的把握更为全面和深刻。

(二) 职业生涯规划能够指导大学生确定恰当的人生目标

目标是人生之路的灯塔,它指引着奋斗的方向,也给予奋斗的动力。但是,确定一个恰当的人生目标绝非易事。目标确定得过于宏大,就会找不到实现目标的入手之处,对个人成长起不到促进作用;目标确定得过于狭隘,会使得个人的成长受到过多限制,最终限制发展的空间。而职业生涯规划所包含的各种理论、方法、工具,可以帮助大家准确地认识自我,在正确的自我定位的基础上,结合外部条件和社会需要确定切实可行的目标。

(三) 职业生涯规划有利于促进个人努力工作

职业生涯规划的制订将会给个人树立一个明确的镖靶,明确了目标,个人才能奋勇前进。随着职业生涯规划内容一步一步地实现,个人的成就感会不断地增强,这将有利于促进自己进一步向新的目标前进。随着职业生涯规划的不断实现,个人的工作方式和思维方式也将不断发展和完善。

(四) 职业生涯规划有助于个人抓住工作的重点

职业生涯规划能够帮助我们评价工作的轻重缓急,并合理地对日常工作进行安排。一个人若是没有职业生涯规划,就会很容易被跟人生目标无关的日常事务缠绕,甚至沦为琐事的奴隶,无法实现人生目标。职业生涯规划就是为了帮助个人抓住工作的重点,增强成功的可能性。

(五) 职业生涯规划有助于个人评估自己的工作成绩

职业生涯规划的一个重要功能就是向个人提供了一种自我评估的重要手段。具体规划的每一步实施结果就是可见、可测和可评的。制订了职业生涯规划，个人就可以根据规划的进展情况对自己目前已取得的成绩进行评价。

当前这个时代，只有制订一个好的职业生涯规划，我们才能把握自己的竞争优势，发挥个人的潜能，并充分把握稍纵即逝的机会，实现预定的目标。

（六）职业生涯规划是满足人生需求的重要手段

美国心理学家马斯洛提出了需求层次理论（图1-2）。

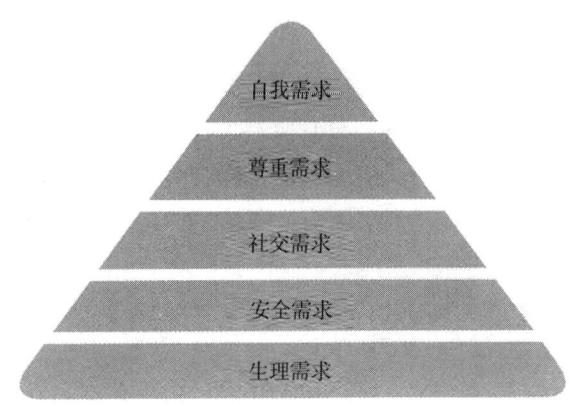

图1-2 马斯洛需求层次理论

这里需要强调的是，较高级的人生需求必须通过满足社会公众和他人的需求才能实现。一份职业能够带来生命赖以存活的食物、水等物质，能够带来一个安全舒适的住房以供休息放松，也能带来人们的认可、尊敬、友爱，更带来幸福的成就感。

现代人大部分的需求都需要通过职业生涯活动得以满足。人的需求越高级，对职业生涯的期望就越大，也就更需要职业生涯规划。

（七）职业生涯规划是促进人全面发展的重要手段

随着生活水平的提高，人们的自我意识逐步增强，人们的要求已经不仅仅停留在健康、财富的基础上，而是渴望获得全面发展。大学生要对自己有一个全面的认识，要根据自身情况选择人生的发展路线，这离不开职业生涯规划。

（八）职业生涯规划能够帮助大学生提升自身的价值

在职业生涯规划的过程中，要求规划者对自身的价值重新进行评估，并通过层层递进的评估重新审视自己，重新认识自己的价值。在此基础上，根据职业方向来确定制订相应的行动计划，从而进一步增强自己的职业竞争力，提升自身价值。

（九）职业生涯规划能够帮助大学生立足现有成就，确定高尚奋斗目标

事实证明，许多在事业上失败的人，并不是没有知识和能力，而是因为他们没有很好地规划自己的职业生涯。只有明确了目标，大学生才有奋斗的方向，才会积极地创造条件

实现目标；只有明确了目标，大学生才能找到与自己最匹配的职业发展道路。

(十) 职业生涯规划能够帮助大学生认识既有的发展状态

认识既有的发展状态，包括对个性的认识、对现有能力和不足的认识、对发展阶段的认识等。如果对既有的发展状态有较好的把握，就可以确定之前所做努力的效果，明确下一步应当做的工作。这样，我们就能知道今后是应该继续沿用之前的发展思路，还是做适当的调整。这既可以作为一种对之前确定的人生目标的检验，又能促进我们逐渐朝人生目标迈进。

第二章 大学生职业生涯规划的制订与实施

如果规划不能得到很好实施,再好的规划也注定要失败。没有"尽善尽美"的规划决策,大学生面对相互矛盾的目标、观点与决策重点,总要进行平衡、调整。大学生不应该将大多数时间花费在制订职业生涯规划上,而应将重心放在既定规划的实施上。在职业生涯中,要做到知己知彼,确定的个人生涯目标要符合现实,并进行有效的实施。本章即对大学生职业生涯规划制订与实施的相关内容进行简要研究。

第一节 确定职业目标

确定职业目标应基于自己的理想、兴趣、性格、特长,并要紧密结合经济社会的发展和行业的发展变化。职业目标不要期望一步登天,而要循序渐进,就像登山一样一步一步往上攀登。对于大学生而言,在大学期间确定职业目标是最好的时期和机会,工作之后可能没有多少时间,也不能静下心来考虑这一问题。确定职业目标应考虑三个因素,即坚持在一个行业中发展,坚持职位的一贯性并一直向上发展,选准一条路一直走下去。例如,在教育行业,可以从小学到中学再到大学,甚至到教育管理部门;在大学当教师,可以从助教到讲师到副教授到教授,甚至当校长等。大学生确定职业目标,比较实际的就是先确定短期目标,先就业;再认真设定一个中期目标;然后粗略设定自己的长期目标和人生目标。工作之后再根据实际情况对长期目标和人生目标进行考量并详细规划。

一、目标的内涵

目标就是指个人、部门或整个组织所期望的成果,通常也这样表达:梦想的日期化和数字化。对个人人生而言,需求产生目的,目的具体化就是目标,目标就是前进的动力,就是人们行动的灯塔。确定了目标，就可以给人以明确的方向感，使人充分了解自己每个行为的目的；可以让人清晰地评估自己的行为，进而正面反馈与检讨自己的行为；可以让人从忙乱的思绪中转移到工作重点上；可以让人更关注结果，产生持久的动力，激发人的潜能。

二、职业目标的类型

根据时间进行分类，可以将职业目标分为长期目标、中期目标与短期目标（图2-1）。

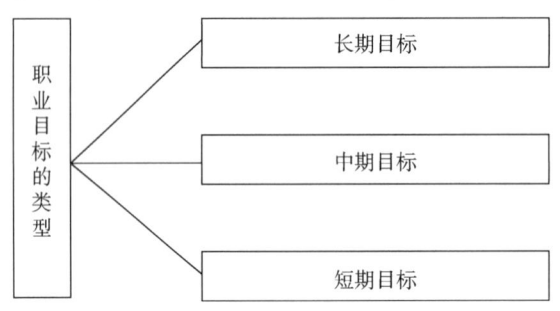

图2-1 职业目标的类型

（一）短期职业目标

短期职业目标是指1~2年以内的规划目标，此阶段这个目标应该具有以下几个特点。

第一，目标精练。

第二，目标表述清晰、明确。

第三，有明确的具体完成时间。

第四，目标切合实际，并非幻想。

第五，目标对于本人具有意义，与自我价值观和中长期目标一致，有可能暂时不能完全满足自己的兴趣要求，但可"以迂为直"。

第六，有明确的努力方向，通过努力能达到适合环境需要的能力，实现起来完全有把握。

（二）中期职业目标

中期职业目标一般为3~5年内的目标与任务。对于大学生来说，主要是毕业前后的目标设定，此目标内容一般包括大学毕业时理想达到的知识素质与能力，毕业时是工作、考研继续深造，还是出国留学、考公务员等；对工作而言，主要应考虑就业行业、岗位、区域、希望的薪酬、职务等。此阶段目标应该具有以下几个特点。

第一，目标能用明确的语言进行定量与定性说明。

第二，目标切合实际，并且未来的发展有所创新，有一定的挑战性。

第三，目标是结合自己的志愿、组织的环境及要求制定的，与长期目标相一致。

第四，目标可以发挥自己的能动性，实现的可能性非常大。

第五，目标基本符合自己的兴趣、价值观，使人充满信心，愿意公之于众。

第六，目标有比较明确的执行时间，根据外部环境变化可做适当调整。

（三）长期职业目标

长期职业目标为5~10年的规划，主要设定较为长远的目标，主要是毕业生在社会上所希望的职务目标、薪酬目标、价值目标。此阶段目标应该具有以下几个特点。

第一，有实现的可能，并具有更大的挑战性。

第二，目标能用明确的语言定性说明。

第三，目标与志向相吻合，能够立志通过努力实现理想。

第四，目标是自己认真选择的，和组织、社会的发展需求相结合。

第五，目标很符合自己的兴趣、价值观，能为自己的选择而感到骄傲。

第六，目标与人生目标相融为一，指导自己为创造美好未来坚持不懈。

生涯目标实际就是为把职业目标、自己的潜能以及自身主客观条件谋求最佳匹配的职业定位。良好的、科学的定位是以最佳才能、最优性格、最大兴趣、最有利的环境等信息为依据。比较职业条件、要求、性质与自身条件的匹配情况更好地选择符合自己兴趣、专业特长、经过努力能很快胜任、有发展前途的职业，既要把"志当存高远"与脚踏实地结合起来，也要注意长期目标和短期目标相结合。

确立职业目标并为此付出努力，对确立者是很有帮助的，不过确立职业目标要有事实依据，并非只是美好的幻想或不着边际的梦想，否则将会延误人生发展机遇。要明白行动是一切目标实现的成功之母。再美好的图纸不去变成现实也最终只是一张废纸，所以，我们对目标一定要有强大的执行力。每天早上起来或者晚上入睡前问问自己，是否每天都在努力，如果不能坚持目标就很难实现。

三、职业目标设计的要求

（一）合理性

有人觉得一毕业就应该实现自己的理想，结果反而四处碰壁。比如，有名校学生在毕业前就确定毕业后的年薪为100万元，等进入职场后却发现无法实现，自己十分失落、灰心。因此，在对自己的职业生涯进行规划时，要认识到目标是实现理想的各个必经阶段，只有完成各个阶段的目标才有可能最后完成自己的理想。

（二）动态性

组织的职位是动态的，因此，职业生涯规划中目标的设定也应当是动态的。大学生要根据自己不同阶段的需要和社会发展情况对规划做出合理调整。当今社会瞬息万变，新事物、新科技层出不穷，大学生职业规划也同样需要与时俱进，这样才能顺应时代，开创属于自己的事业或尽早实现自己规划的目标。对于自己碰到的问题和环境，需要及时调整发展规划。

（三）需求性

通常，就业不好的专业失业率较大、就业率低，并且薪资普遍较低。部分"红牌"专业是由于供大于求造成的；有部分"红牌"专业比如计算机类是因为人才培养质量达不到产业要求所造成的。这就形成了应届毕业生找不到工作，企业招不到合适人才的局面。对大学生来说，在进入大学后面对专业难以调整的现实，如何面对劣势的专业找到理想的工作，是大学生在职业生涯规划中必须面对的问题，也是大学生在大学期间就必须为谋划好职业需要提前做好功课的难题。因此，在设定与确定职业目标时，必须考虑社会与组织对岗位的要求，当劳动力市场相关人才出现供大于求时就要结合自身实际考虑自己未来的选择，同时还应考虑组织对岗位的相关要求是否是自己在大学期间就可以培养与训练成的。

（四）匹配性

在确定职业发展目标时要注意与自己性格、兴趣、特长与选定职业的匹配度，同时要思考自己所处的内外环境与职业目标是否相适应，不能妄自菲薄，也不能好高骛远。合理、可行的职业目标决定了职业发展中的行为和结果，这才是设计职业目标的关键。

现实中，由于大学生还没走向职场，体验不到真实的职业环境，缺乏对行业、职位详细信息的了解，有时对职业目标的订立有些理想化，在具体行动计划中就显得与实际相脱离。比如，有些高职专科生给自己的职业规划目标直接定为大学教授或职业经理人，有些喜欢文学的人想要在3~5年就成为著名的文学家，有些人纯粹是自己有某方面的实际需要但没考虑到自己的长处与短处，用自己的短处与别人的长处进行较量，将其视为自己的长期目标或许可以，但要把它作为短期目标来完成则不切实际。

（五）具体性

一般来说，大学生可以在一个相对较窄的范围内同时设定几个目标，比如，老师布置的随堂作业或者是小组共同完成的课题，需要准备资料、进行社会调查、分析讨论，最后形成研究报告。大学生一定要深刻认识个人或小组作业的重要性，并认真对待。因为小组作业就是对未来工作的提前训练。除了最后的报告外，其他事情都可以与同学同时进行或一起完成，在操作中学生要学会给自己列一个时间表，规定每一个目标的具体完成时间，时间一到就要检查自己目标成果的实际完成情况。这样就可以及时进行自我管理或小组管理，日程表的设置越具体越有可操作性，用来衡量目标实现程度的标准就越细，对于目标执行与反馈也就越准确，对于不当之处的修正也就越有针对性。因此，职业目标的设定尤其是短期职业目标，一定要设计得相对具体与可操作性，以方便及时检验自己的成果与纠正错误。

四、职业目标设计的注意事项

每个人都应该知道自己在现在和将来要做什么。对于职业目标的确定，需要根据不同时期的特点，根据自身的专业特点、工作能力、兴趣爱好等分阶段制定。在制定长期目标时，要多考虑自身因素和社会因素；而制定中期目标和短期目标时，则要更多考虑组织因素，通过制定个人的短期目标、中期目标和长期目标，来形成完整的个人目标体系。

概括来说，职业目标设计的注意事项包括以下几方面。

第一，尽量分解目标。

第二，不求快速达到或实现目标。

第三，不要求制定很多目标或目标彼此无关联，即目标要符合社会与组织的需要。

第四，目标的可持续与不中断。

第五，目标要高远但绝不能好高骛远。

第六，目标幅度不宜过宽。

第七，注意长期目标和短期目标之间的结合。

第八，目标要符合自身特点，并使其建立在自身优势上。

五、大学生的职业生涯目标

大学生的职业生涯目标应包括大学期间的职业目标和择业后的职业目标两部分。

（一）大学期间的职业目标

调查发现，相当一部分大学生对于自己将来的职业没有非常明确的定位。而职业目标的确定一定要针对个人特点来确立，对个人未来的发展来说显得格外重要。一个人要是没有目标就没有努力前进的方向，也就毫无动力可言。大学生职业目标的确立最好从大一开始就实施并制订相关行动计划，设定职业目标时要思考以下问题。

第一，设定该目标的原因、达到这一目标的途径。

第二，实现该目标的能力、技能与自身其他优点。

第三，实现该目标的相关培训与教育。

第四，达到该目标的外部有利条件。

第五，要思考自身弱势或外部相关的不利条件等。

一般来说，在校期间的职业生涯目标主要集中在获得合理的知识结构、获得应用理论知识分析能力、了解自己的兴趣爱好和学会处理社会关系的技能。在未来四年中分四个时期做好系统学习和生活设计，毕业时也可以从上述几个方面检验自己是否达到了相应的要求。

大学一年级为试探期。也就是从进入大学开始就应当有意识地去了解某些职业，特别是自己未来想从事的职业或自己所学专业对口的职业。比如，大学一年级阶段大部分开设的是公共课，学习任务相对不重，这时候就可以多参加学校的各项活动，增加人际沟通与交流的技巧，学会与不同个性的人打交道，同时多学习课本以外的知识丰富自己，有意识地收集相关资料，培养自己学习书本以外知识的能力。

大学二年级为定向期。这一时期应考虑清楚是否继续深造或就业，尝试在课余时间进行兼职，选择自己未来想要从事的或者与专业对口的相关工作，最好能较长时间地坚持，锻炼自己的责任感、主动性和受挫能力等，也可以尝试有选择性地辅修其他专业的知识充实自己。

大学三年级为冲刺期。这一时期应锁定在提高求职技能、收集相关招聘信息，并确定自己是否要考研，为下一步的求职或深造做好准备。

大学四年级为分化期。积极参加招聘活动，运用学校提供的条件，了解就业指导中心提供的用人单位信息与就业信息，强化求职技巧，进行模拟面试等训练，尽可能在做好充分准备的情况下施展演练。

（二）择业后的职业目标

大学生除了制定在校四年学习和生活期间的目标外，还应在资深实战专家的帮助下，尝试对择业后的职业生涯进行规划。

择业后，职业生涯的规划并不意味着就终止了，相反，这时候作为社会新人，更应该进行科学的规划。可以在工作的不同阶段为自己分别设计短期目标、中期目标、长期目标，这里以人力资源专业毕业生的职业目标为例进行分析。

短期目标：熟悉企业人力资源管理各项工作实务，集中学习薪酬绩效管理模块的业务；实习期结束成为薪酬绩效专员。

中期目标：全面掌握人力资源管理各项工作理论及实务，能组织开展各项业务；3~5年成为人力资源经理。

长期目标：能结合企业发展战略和中长期规划，拟订人力资源战略并系统地组织实施，能策划和组织完成企业的人力资源各相关模块的变革工作；6~8年成为企业人力资源主管。

当然，这里的目标设定并不是固定的，每个人都可以根据自己的能力及经验不同而有所差异，在这里我们只是想说明即便是择业后也要有一个很好的规划。

第二节 制订职业生涯规划

一、制订职业生涯规划的步骤

制订职业生涯规划需要按照以下几个步骤进行（图2-2）。

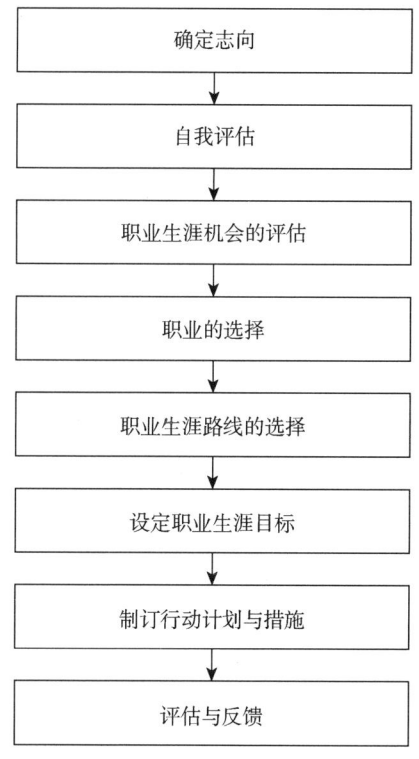

图2-2 制订职业生涯规划的步骤

（一）确定志向

志向是人生的航标，是事业的基石，是前进路上的指南针，没有志向，事业的成功也就无从谈起。一个没有志向的人，职业生涯规划就像断了线的风筝，只会在空中东摇西摆，找不到自己的方向。所以，在制订职业生涯规划时，首先要确定志向。在职业生涯规划中，确定志向实际上就是树立职业理想。理想一般是指人们对未来的一种合理的期望。职业理想在人们职业生涯设计过程中起着调节和指向作用。一个人选择什么样的职业以及为什么选择某种职业，通常都是以其职业理想为出发点的。

（二）自我评估

自我评估就是对自己进行全面的分析，以达到认识自己、了解自己的目的。在职业生涯规划过程中，自我评估是不可或缺的一个步骤，是职业生涯规划的基础，关系到职业生涯的成败。进行自我评估，主要是分析自己的兴趣、性格、技能特长、思维方式，认清自己的优势和不足。简单地讲，自我评估至少需要了解以下四方面的内容。

第一，自己喜欢干什么。

第二，自己能够干什么。

第三，自己适合干什么。

第四，自己最看重什么。

在自我评估中，要充分利用各种科学测评手段，如价值观量表、职业兴趣量表、人格量表等，同时结合在校学习、考试情况，老师、同学、亲朋好友的评价以及自我判断。需要注意的是，自我分析要客观、冷静，既要看到自己的优点，又要直面自己的缺点。只有这样，才能避免职业生涯目标选择的盲目性，达到人职高度匹配。

（三）职业生涯机会的评估

职业生涯机会评估也可称为环境评估，主要是对内外环境进行分析，确定这些因素对自身职业生涯发展的影响，职业生涯机会评估包括以下两部分内容。

第一，了解环境，如经济形势、法律法规、社会价值观等。

第二，了解职业，如产业与行业的划分，热门行业、热门职位对人才素质与能力的要求等。只有深入了解环境、行业和职业的需求情况，才能选择可以终身从事的理想职业。

（四）职业的选择

职业选择正确与否，直接关系到人生事业的成功与失败，关系到人生的幸福与否。在进行职业选择时，要充分考虑自己的特点，要考虑性格与职业是否匹配、兴趣与职业是否匹配、特长与职业是否匹配、价值观与职业是否匹配，要考虑内外环境对自己的影响。分析自我、分析环境、了解职业，然后做出最合适的选择，这对于大学毕业生来说极其重要。

（五）职业生涯路线的选择

制定职业生涯发展路线要关注横向职业路线的选择。例如，是从事公务员工作还是从事专业技术工作，是从事教师工作还是从事企业生产营销工作，还是做一个自由自在的自由职业者。还要关注纵向职业发展路线的选择，包括修业学习阶段、择业就业阶段和创业创新阶段等。

每个大学生选择的发展路线不同，对个人生涯策略等各方面的要求也就有所不同。每个人所处的职业生涯发展阶段不同，对个人的生涯形态和任务要求也就有所不同。大学生在制定职业生涯发展路线、选择职业生涯发展方向时，应尽量兼顾横向路线与纵向路线两个方面，做到不偏废任何一方。

在目标职业选定后，向哪一路线发展，也要做出选择。例如，同样选择教育行业，同样选择担任高校教师，有人担任行政工作，有人担任专业教学教师，这就是两种截然不同的职业生涯路线，对职业发展的要求也不相同。通常，选择职业生涯路线时须考虑三个问题。

第一，我想往哪一路线发展？

第二，我能往哪一路线发展？

第三，我可以往哪一路线发展？

典型的职业生涯路线是一个"V"字形。"V"字形的两侧分别为行政管理路线和专业技术路线，每条路线都可以划分为许多等级，可以作为自己职业生涯的参考目标。当然，在现代社会中，职业的变换和职业路线的调整是非常普遍的现象，没有人会自始至终待在一个岗位上。

（六）设定职业生涯目标

好的职业生涯规划需要切实可行的目标。只有在确立可行的职业生涯目标后，才能以此为动力，积极排除不必要的干扰，保证职业生涯规划的实现。职业生涯目标按照时间的长短可以划分为短期目标、中期目标、长期目标。中期目标可以再分为十年、五年、三年、一年的职业生涯目标，短期目标可以从一日、一周、一月做起。

（七）制订行动计划与措施

在确定了职业生涯目标后，行动便成了关键的环节，没有行动，一切目标和理想都将化为泡影。这里所说的行动是指包括工作、训练、教育、轮岗等落实目标的具体措施，这些措施应该比较具体，以便自己定时检查。

（八）评估与反馈

俗话说"计划赶不上变化"，因此，要时时审视内外环境的变化，重温当初生涯目标，分析当前的实际情况与当初的吻合状态，不断对自己的设计进行评估和修订，并调整自己的前进步伐。

一般情况下，一年做一次评估规划，并在年初制订具体计划，年末进行总结反思。每一阶段的计划将逐年修改，具体计划按照年、月、周细分，最后再进行调整或归纳。每月积极修正和核查策略与计划，保证目标有效实施。在特殊情况下，例如，换工作或职位调动时，要随时评估并进行相应调整，酌情缩短规划周期，做到事事有计划。

1. 职业生涯规划评估的作用

（1）检验职业生涯目标是否得当。职业生涯规划的每项内容都是建立在自我分析和客观事实基础上的，但是我们身处的世界每天都在发生变化，大到国际形势突变、国家政策的调整，小到组织制度的改变、组织结构变革、自身条件变化，这些都是影响我们制定职业生涯目标的客观因素。同时，大学生的心理不成熟，缺乏社会阅历，加之大部分大学生对自己评价过高，对于职业生涯的期待过高，并不能根据实际情况确定期望值，所以造成大部分人在制订职业生涯规划时极度盲目，制定的职业生涯目标与实际有很大偏差，缺乏可操作性，这正是近些年来毕业生跳槽率偏高的原因。因此，要定期地对职业生涯规划进行评估，要考虑所选择的职业是不是你心中最想做的工作，它是否适合你，这些问题必须在实际的工作中才能找到答案。❶

(2) 检查职业生涯策略是否得当。我们在制订职业生涯规划的时候，都是先进行自我评估，然后在此基础上为自己的职业生涯定下目标，并制定相应的实施策略，包括学习阶段、培训阶段、工作计划等，这些计划都是为实现目标而服务的。但是，这些计划是否得当，那就另当别论了。因为我们的很多计划都是在主观分析和经验的基础上制订的，所以在实施这些计划的过程中要不断反省，定期对实际效果进行检验。

(3) 及时调整职业生涯规划目标。阶段性的评估有助于我们及时调整职业生涯规划。我们经常强调，周围环境及我们自身都是不断变化的，如果我们不对职业生涯规划进行评估，或者说很长时间才评估一次，就不可能及时地发现问题，并迅速做出改变。许多职业指导专家都建议至少每年做一次评估。因此，要根据实际情况，进行定期的评估，以便及时纠正实施过程中出现的偏差。

(4) 是确保职业生涯规划有效性的重要手段。在职业生涯规划持续推进的过程中，评估是保证实施策略方案正确施行及达到效果的重要手段，确保大学生职业生涯规划的有效性。通过评估，可以确保各个阶段目标的顺利实现及实施进程的顺利推进，进而保证职业生涯规划的阶段目标与总体目标的有效性。

(5) 是实现职业生涯规划目标的重要保证。通过职业生涯规划评估，可以发现前一阶段策略方案的施行及目标完成情况，直至满足规划的相关要求，并决定下一阶段的目标实施，进而决定向最终目标推进的进度。在职业生涯规划实施过程中，各个阶段的实际结果能否与规划目标相符或相近，是评价实施过程是否成功的关键。而评估则是实现这一目的的重要保证。一方面，评估给具体的实施过程提供了方向与路线保障；另一方面，评估也为实施的效果提供了评价标准。

2. 职业生涯规划评估的方法

(1) 反馈法。准备一个记录本，记录一段时间内学习、思考的心得体会以及参加的各项活动及其感想，然后检查并修订自己的职业生涯规划，看看哪些事情没做好，哪些学习

---

❶ 陈彩彦，兰冬蓉. 大学生职业生涯规划 [M]. 北京：航空工业出版社，2018.

和工作方法需要改进，哪些能力急需提升。

（2）交流法。交流法是指经常就自己的职业生涯规划及执行情况与同学、老师进行交流，听取他们的建议和忠告，然后据此改进自己的职业生涯规划及其执行方法。

（3）对比法。对比法是指将自己的职业生涯规划及其执行情况与他人进行对比，找出自己的问题与差距，据此改进自己的职业生涯规划及其执行方法。

（4）评价法。之所以说是全方位反馈，是因为在这一方法中的评价者包括被评价者的上级主管、同事、下属、客户等各类密切接触人员，同时也包括自评。实施大学生职业生涯规划全方位反馈评价，要重点做好以下工作。

第一，做好同学之间的评议。

第二，做深自我评价。

第三，做实评价反馈。

评价结果的反馈直接决定对职业生涯规划状况的改善。

（5）分析、调查、总结法。每个月或每个学期结束后，要认真总结一下自己这段时间的收获有哪些，这些收获对达到最高目标有无帮助。

另外，在每一个短期目标实现后，都应对下一步的主客观环境和条件用心进行调查、分析，看看条件是否变化，哪些变好，哪些变坏，总体如何，要做到胸中有数，然后根据变化的情况修订原来拟订的下一步计划。

3. 职业生涯规划评估的内容

评估的内容主要包括以下几方面。

（1）职业目标评估。如果在毕业前没有找到合适的工作，那就去考研，提升自己的能力。如果工作一段时间后觉得自己不适合在某一岗位工作，那就选择新的工作岗位。如果觉得自己所在的单位不适合自己今后的发展，那就可以选择跳槽。

（2）职业路径评估。在毕业前，如果发现自己真的不适合在所学专业对应的行业就业，可选择去新的行业发展，需重新制订职业生涯规划。在工作初期，如果发现自己无法胜任某一岗位工作，可选择去考研或者换工作，谋求新的发展方向。在工作中期，如果发现无法胜任相关工作，应向其他同行讨教经验，并询问领导、下属对自己的意见和看法，努力改善自己的工作方法。在工作后期，如果还是发现自己不适合在这个单位工作，则可考虑提前退休，或者去创业，或者到新的单位就职。

（3）实施策略评估。如果觉得自己不适合某一行业或岗位，可选择其他的工作或自主创业。如果短期内工作过于劳累或者压力偏大，可选择请假，等调整情绪后继续工作。如果觉得所在单位没有发展前景，则可选择跳槽。

（4）其他因素评估。如果身体出现重大疾病，对工作有重大影响时，建议选择停薪留职或辞职，等调理好身体后，再选择就业。如果家里发生重大变故，需要大量资金时，酌情选择工资较高的单位就职。如果需要长时间陪伴家人时，可以选择辞职，等家庭渡过难关后再就职。如果工作出现重大变化，比如，单位倒闭等，重新考虑是否继续工作还是选择其他工作。

4. 职业生涯规划评估的步骤

职业生涯规划评估的步骤如图2-3所示。

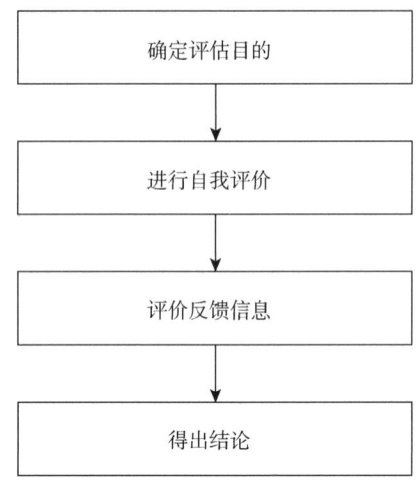

图2-3 职业生涯规划评估的步骤

（1）确定评估目的。无论我们做什么事，在开始着手之前都要考虑一下，我们为什么要做这件事，即我们做这件事的目的是什么。所以，我们在做职业生涯规划的评估工作时要首先确定评估的目的及主要任务。

（2）进行自我评价。事实上，最了解自己的人还是自己。因此，在职业生涯规划评估中要首先进行自我评价，自我评价包括以下两方面的内容。

第一，按完成时间评估。

第二，按完成性质评估。

当我们做好了一份职业生涯规划时，都会按照时间确定阶段性任务。所以，自我评价首先就要看我们是不是准时完成了计划中的任务。如果在规定的时间内完成了所定目标，说明计划比较合理，目标和策略设定得比较得当，可以继续实施下一目标。如果在规定的时间内无法完成所定目标，那就应该进行反思，找出出现这种情况的原因及对策。我们在完成任务的时候不仅要按时，而且要保证质量。如果我们按时完成目标，但是感到完成起来非常困难，或者感到效率很低，完成的质量不高，这时就要考虑是定的职业目标太高，还是我们没有紧迫感，没有抓紧时间。若目标定得太高，可以考虑降低目标的难度；若我们完成计划时未抓紧时间，那就应该增强紧迫感。还有一种情况就是，我们完成了既定目标，但完成得过于轻松，那就意味着我们定的目标过低，这时可以考虑适当提高目标。

（3）评价反馈信息。由于各种因素的影响，反馈信息容易出现失真的情况。例如，有些人碍于"面子"，不肯讲出自己心里的真实想法，从而提供了一些无用的信息；有些人怕说出实话而得罪人，不进行客观评价，一味地恭维。因此，要努力、仔细地对反馈信息进行甄别和筛选，从中选择对自己有价值的信息。

（4）得出结论。运用科学的评估方法，在对反馈信息进行分析后会得出最终结论。一般来说，只要每个步骤都依据客观事实来执行，得出的结论就比较正确，评估工作也就能顺利完成。

二、制订职业生涯规划的方法

一份好的职业生涯规划可以使大学生充分认识自己，客观分析环境，科学地树立目标。而要制订合理的职业生涯规划，首先就需要了解和掌握一些职业生涯规划制订的方法。当前，大学生制订职业生涯规划的方法有很多，但最常用的有以下几种。

（一）思考圈法

思考圈法就是以循环思考来表述职业生涯规划是身在何处、何以至此、欲往何方、有何资源、何以前往、可知到达六个要素之间的往返循环过程。

1. 身在何处

身在何处就是对目前情况、存在差距的了解与认识，是问题解决开始时所需要的信息。

2. 何以至此

何以至此就是分析原因，原因是多方面的，既可能有就业观念、政策支持、领导重视等主观方面的原因，又可能有就业形势、金融危机等客观方面的原因。

3. 欲往何方

欲往何方就是选择最优职业并做出临时决策，选择可能性最大的情况，思考并明确就业目标是什么。

4. 有何资源

有何资源就是在查看了各种资源后发现的尽可能多的有利资源，并把与目标一致的有效资源进行整合。

5. 何以前往

何以前往就是设计一项计划来实施某一临时选择。

6. 可知到达

可知到达就是通过对比结果和结论，检验与分析和目标的差距，并得出结论，以打好下一循环的基础。

(二) 个人职业生涯发展道路法

个人职业生涯发展道路法也就是 PPDF（Personal Performance Development File）法，是将所有员工的个人发展与企业的发展状况紧密联系在一起，它为每个员工都设计了一条经过自己的努力就可以实现个人目标的道路，并使个人明确意识到，只有公司发展了，个人的目标才有可能实现。这实际上是一种十分有效的人力资源开发的方法。很多企业就是靠它将自己的员工形成一种合力，组成团队，共同为单位的目标去努力实现自我价值。

(三) 决策平衡单分析法

决策平衡单分析法是一种卓有成效的职业生涯决策技术。决策平衡单经常在职业咨询中作为协助当事人有系统地分析每个可能的选项，判断分别执行各选项的利弊得失，然后通过加权计分排定各个选项的优先顺序，以执行最优先或偏好的选项。大学生在进行职业生涯规划时，总是会遇到许多这样或那样的干扰和困难，原本就很棘手的决策也会变得更加复杂和难以操作。决策平衡单分析法可以帮助大学生把模糊的信息清晰化、复杂的情况条理化、错误的观念正确化，并尽可能具体地从各个角度去评价分析各个可供选择的方案，预先对各个方案实施以后可能带来的后果进行利弊得失分析，对于其结果的可接受性进行检验，最终做出成熟的决策。

决策平衡单分析法的运用有以下两个前提条件的限制。

第一，决策者要具备成熟的相关条件。

第二，决策者已经有可供选择的多个职业发展方案。

决策平衡单分析法的具体实施步骤如下。

第一，针对某一个可供选择的职业生涯发展方案整理出自己所有的重要想法，从对自己、对他人、对社会三个不同的角度去分析选择后可能会带来的得失，并分析这些得失是否可以接受，原因何在，然后对应职业生涯细目表，按照重要程度为每一个细目赋值，数值采用的范围一般是 +10 到 -10。

第二，将其他可供选择的方案按照上述步骤一一进行思考分析。

第三，依据分数累计得出每一个职业选择的总分。

第四，比较各个方案的得失及得失的大小，并分析得失的可接受性，进而形成自己最终的决策规划。

在运用决策平衡单分析法时，有一点需要注意，即不同的评价细目对于决策的意义不同，在进行上述评价时，可以对每个项目加权计分，而且在实际平衡单使用过程中，应较为全面地提出职业生涯选项相关的考虑因素，并谨慎考虑赋予每个选项的权重系数，因为权重的大小对最终结果有直接的影响。

(四) SWOT 分析法

SWOT 分析法又称为"态势分析法"，常用来作为企业内部分析的方法，即根据企业自身的既定内在条件进行分析,找出企业的优势、劣势及核心竞争力之所在。SWOT是英文单词Strength(优势)、Weakness(劣势)、Opportunity(机会)、Threat(威胁)的缩写。其中,S、W是内部因素,是基于个人本身的特点进行的分析;O、T是外部因素,是基于外部的环境因素进行的分析。一般来说,大学生在运用SWOT分析法制订职业生涯规划时,需要从以下两方面的内容着手。

1. 构建个人SWOT矩阵

每个人都有自己的独特天赋和长处,也有自己的短处和弱项;每个人所处的环境都存在对自身发展有利的因素和不利的因素。在对自身的优势和劣势以及周围职业环境存在的发展机会与外在威胁因素分析的基础上,构建个人SWOT矩阵对做出正确的职业选择有很大帮助。

(1) 自身优势(S)分析。分析自己与竞争对手相比最出色的地方,这主要包括以下方面。

第一,自身具备的竞争能力和优秀品质。

第二,具有竞争优势的教育背景。

第三,曾经拥有过的最宝贵的经历。

第四,广泛的个人社会关系网络。

(2) 自身劣势(W)分析。分析自己与竞争对手相比处于落后的方面,这主要包括以下方面。

第一,学习成绩一般或较差。

第二,负面的人格特征,如缺乏自律、害羞、性格暴躁、不善交际等。

第三,以往失败的经验或能力的缺陷。

第四,缺乏目标,对自我的认识不足。

(3) 机会(O)分析。分析有利于自己职业选择和职业发展的外部积极因素,这主要包括政府出台的相关政策支持、专业领域急需人才、职业道路选择带来的独特机会、社会舆论的宣传和肯定、亲朋好友的支持。

(4) 威胁(T)分析。分析外部环境中存在潜在危险的因素,这主要包括以下方面。

第一,职业指导咨询行业尚不规范,就业机会减少。

第二,同专业竞争人数的增加。

第三,专业领域发展前景并不乐观。

第四,所选择的单位环境不利于自身的发展。

2. 制定策略

(1) 劣势和威胁组合而成的WT(Weakness Threat)策略。劣势和威胁都是对自身发展的不利因素，将二者组合起来综合考虑，目的是使这些因素都趋于最小。比如，自身工作经验不足，在与同专业的大学毕业生竞争时处于不利地位，那就有必要在以后多参加社会实践活动，多积累经验。

（2）劣势和机会组合而成的 WO（Weakness Opportunity）策略。将劣势和机会组合起来考虑的目的是尽量将自身劣势的不利影响降到最低，将机会的作用发挥到最大水平。

（3）优势和威胁组合而成的 ST（Strength Threat）策略。将优势和威胁因素组合起来考虑的目的是尽量发挥个人优势，减小外界环境威胁因素对个人职业发展的负面影响。

（4）优势和机会组合而成的 SO（Strength Opportunity）策略。将优势和机会因素组合起来考虑的目的是尽量使这两种因素的作用最大化。比如，一个人比较擅长计算机编程，今后可以继续强化这一优势，增强这方面的竞争实力。

大学生在运用 SWOT 分析法制订职业生涯规划时，需要注意的是，还必须对自身的优势与劣势有客观认识，注意区分公司的现状与前景，可以与竞争对手进行比较，并且要保持 SWOT 分析法的简洁化，避免复杂化与过度分析。

（五）5 "What" 分析法

1. What are you?

我是谁？是指对自己进行一次深刻的反思，想想自己到底是怎样的一个人，最好把自己的优势和劣势都列出来进行分析。

2. What you want?

我想干什么？是对自己职业发展的一个心理趋向的定位，每个人在不同阶段的兴趣和目标并不完全一致，甚至是完全对立的，但随着年龄和经历的增长而逐渐固定，并最终锁定自己的终身理想。

3. What can you do?

我能干什么？是对自己能力与潜力的全面总结。一个人职业的定位最根本的还要归结于他的能力，而他职业发展空间的大小则取决于自己的潜力，对个人潜力的了解应从兴趣、执行力、判断力、知识结构等方面去认识。

4. What can support you?

环境支持或允许我干什么？是对环境支持的了解，包括客观和主观两方面。客观方面包括本地的经济发展、人事政策、企业制度、职业空间等；主观方面包括与领导同事的关系、人脉资源等因素，个人在做职业生涯规划的时候，要将这些因素都考虑进来。

5. What you can be in the ends?

自己最终的职业目标是什么？在明晰前四个问题后，就有了清晰的框架。当然，经过不断地评估与调整，从而实现自己的最终目标。

第三节 撰写职业生涯规划书

一、职业生涯规划书的类型

常用的职业生涯规划书主要有以下几种类型。

（一）表格型职业生涯规划书

表格型职业生涯规划书主要包括两个部分：表头信息和规划内容栏。表头信息是规划人的基本信息介绍；规划内容栏中以目标和实施要点为主，内容不是固定的，可以根据个人情况进行调整。

（二）文本型职业生涯规划书

文本型职业生涯规划书没有固定的模板，具有创作的空间，但规划的依据首先是让自己信服，其次是具有可执行性。一般情况下，文本型职业生涯规划书包括职业理想、自我认识、职业认知、职业目标、实施方案及遇到障碍的对策等内容。

二、撰写职业生涯规划书的原则

撰写职业生涯规划书必须遵循一定的原则，概括来说，这些原则主要包括以下几个方面。

（一）阶段性原则

个人的发展具有阶段性，每个人在自己人生发展的不同阶段所承担的重点角色是不同的，有着不同的发展任务。职业生涯规划也应该根据自己的年龄和所处的阶段来设计不同的内容，以适应每个发展阶段的特点，使每个阶段都能过得很充实，并逐步达成阶段性目标，从而实现自己的人生目标。

（二）独特性原则

犹如世界上没有两片完全相同的叶子，世界上也没有两个完全相同的人。每个人高矮胖瘦各不相同，内在的性格特征、知识结构、兴趣爱好、能力倾向等都有自己的特点，其家庭条件、所处的社会环境也都不同，因而在制订生涯规划时不可能找到普遍的路径，必须综合考虑个人各个方面的实际情况而量身定制。

（三）可行性原则

每个人都有自己的职业理想，但理想是否能够实现，则取决于用以实现生涯理想的规划方案是否可行，可行性体现在以下两个方面。

第一，生涯目标的可行性，即目标的设定是否建立在现实条件的基础上。

第二，职业行动计划的可行性，即行动计划是否是自己可以做到并根据一定标准进行考核监督的。

（四）发展性原则

所谓"规划"，要求具有一定的超前性和预测性，而事物是不断发展变化的，规划并不总能适应新情况的出现，所以应根据自我发展、社会变迁以及其他不可预测的因素，主动适应各种变化，及时评估，灵活调整，不断修正、优化自己的职业生涯规划。在调整职业生涯规划的过程中，短期目标有可能需要调整，目标的重新选择应和长远的人生目标保持一致，使得整个规划始终围绕自己的人生目标而展开，过去、现在和未来应有内在的一致性和延续性。

三、职业生涯规划书的内容

大学生职业生涯规划书的基本内容主要包括以下几个方面（图2-4）。

```
                      ┌─ 扉页
                      │
                      ├─ 自我分析
                      │
大学生职业生涯规划书   ├─ 环境评估
的基本内容             │
                      ├─ 职业定位
                      │
                      ├─ 职业生涯实施计划
                      │
                      └─ 评估与反馈
```

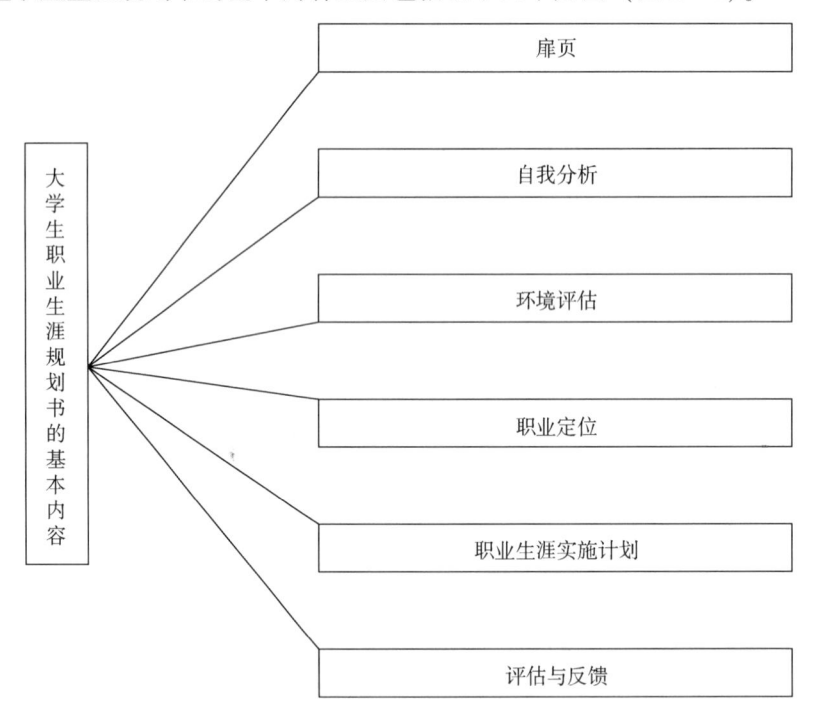

图2-4 大学生职业生涯规划书的基本内容

（一）扉页

扉页包括题目、姓名、基本情况介绍、规划年限、年龄跨度、起止时间。其中，规划年限不分长短，可以是半年、三年、五年，甚至是二十年，视个人的具体情况而定。建议大学生职业生涯规划年限为三至五年。

（二）自我分析

一个有效的职业生涯设计必须是在充分且正确认识自身条件的基础上进行的。要审视自己、认识自己、了解自己，做好自我分析，包括自己的兴趣、特长、性格、学识、技能、智商、情商、思维方式等，即要弄清我想做什么、我能做什么、我应该做什么以及在众多的职业面前我会怎么选择等问题。职业生涯规划书的自我分析可包括以下内容。

第一，我的职业倾向分析，即喜欢做什么类型的工作。

第二，我的职业价值观判断，即最看重在工作中取得的收获与经验是什么。

第三，我的性格评价，即自己的性格适合什么类型的工作。

第四，我的能力，即自己存在哪些方面的优势和劣势。

第五，个人经历，即个人有哪些方面的经验，能对以后的工作选择有所帮助。

第六，自我分析与评估总结，即通过对上述各方面进行综合分析与评估对自己有一个明确的认识。

（三）环境评估

职业生涯规划还要充分认识与了解相关的环境，评估环境因素对自己职业生涯发展的影响，分析环境条件的特点和发展变化情况，把握环境因素的优势与限制。了解本专业、本行业的地位、形势以及发展趋势。职业生涯规划书的环境评估可包括以下内容。

第一，家庭环境分析。

第二，学校环境分析。

第三，社会环境分析。

第四，行业环境分析。

第五，组织环境分析。

第六，职业分析。

第七，岗位分析。

第八，环境分析结论。

（四）职业定位

职业定位就是要为职业目标与自己的潜能以及主客观条件谋求最佳匹配。良好的职业定位是以自己的最佳才能、最优性格、最大兴趣、最有利的环境等信息为依据的。这个规划环节包括确定职业方向、各阶段职业目标和总体目标、职业发展路径等内容。职业生涯规划书的职业定位可包括以下内容。

第一，明确可选的职业。

第二，职业评估与决策。

第三，职业生涯路径设计。

第四，职业定位。

（五）职业生涯实施计划

就是要制订实现职业生涯目标的行动方案，要有具体的行为措施来保证。没有行动，职业目标只能是一种梦想。要制订周详的行动方案，以逐步实现各阶段的目标，更要注意去落实这一行动方案。职业生涯规划书的实施计划可包括以下内容。

第一，长期、中期、短期职业生涯计划。

第二，各阶段计划的分目标、计划内容（专业学习、职业技能、职业素养）。

第三，计划实施策略。

（六）评估与反馈

职业生涯规划是一个动态的过程，必须根据实施结果的情况以及变化进行及时的评估与修正。整个职业生涯规划要在实施中去检验，看效果如何，及时诊断生涯规划各个环节出现的问题，找出相应对策，对规划进行调整与完善。职业生涯规划书的评估与反馈可包括以下内容。

第一，可能存在的风险。

第二，预评估的内容。

第三，风险应对方案。

四、撰写职业生涯规划书的注意事项

撰写职业生涯规划书时应注意以下几方面。

（一）职业目标切实可行

一定要结合自身的特点和情况设定职业生涯目标。职业生涯目标切忌理想化，应遵循择己所爱、择己所长、择己所利的原则。认清兴趣与能力，能力与社会需求是存在一定差异的，我们所要做的就是在影响职业发展的诸多因素中找一个结合点，这样的职业目标才会有生命力。

（二）一定要收集科学的信息

在进行自我评估时，很多大学生会过于依赖职业测验工具。尽管一些经典的职业测验有着很高的信度和效度，但往往缺乏对结果的充分解释，大学生在解读测验结果时也会有一定的倾向性，从而得到偏颇的结论。在进行自我认知时，需要采用多渠道策略，结合测验工具、个人的思考回顾、他人评价等方法，得到全面、正确的结论。另外，在进行职业环境分析时，也需要通过多种途径收集资料，以保证论证过程的科学合理和结论的真实可靠。

（三）逻辑严密，重点突出

语言朴实简洁、用词精练准确、行文流畅、条理清楚，这是最基本的写作要求。撰写职业生涯规划书时忌大、忌空、忌记流水账、忌条理不清、忌文法不通；忌过于煽情，没有理性分析；忌死气沉沉，没有朝气。在分析阐述规划时，必须紧紧围绕职业目标这条主线来展开，体现论述的逻辑性和连贯性，要将重点放在自我评估、环境评估、目标实施上。

第四节　大学生职业生涯规划的实施

一、实施职业生涯规划的方法

（一）学会学习

1. 培养学习兴趣

个体一旦对某学科有了浓厚的兴趣，就会以积极的情绪去研究和探索它，就会产生强烈的求知欲望，从而充分挖掘自己的学习潜能。有不少同学有这样的体验：听得懂的课就有兴趣，听不懂的课就没有兴趣，掌握较好的课的兴趣就浓，学不好的课就缺乏兴趣。其实，每门学科都有美的元素，要善于发现它们的美，以此来增强自己的学习兴趣。

2. 培养学习动机

学习动机是动机在学习活动中的表现，是引起和维持个体进行学习活动，并使活动朝向一定的学习目标，以满足其学习需要的一种心理状态。学习动机在学习中发挥着十分重要的作用，它不但对学习起着巨大的推动作用，而且控制着学习的正确方向。学习动机具有以下几方面的优点。

第一，学习动机可以使大学生积极主动、持之以恒地进行学习，努力寻找各种途径把难点弄懂，从而取得优异的成绩。

第二，学习动机是推动大学生为达到一定的学习目的而努力学习的动力。

当然，学习动机过强与过弱都不利于学习效率的提高。如果学习动机太强，大学生一般对自己抱有很高的希望，有时制定的学习目标不切实际，这样一来，学习成绩的高低可能造成情绪过于紧张，学习效率会降低。所以，要学会对过弱和过强的学习动机进行适当调节。

（二）积极归因

正确的归因不仅能使大学生端正学习态度，激励大学生通过努力不断提高自己，而且会使大学生产生愉快的情绪体验并积极地看待学习中的成与败。美国心理学家维纳提出的归因理论认为：人们对自己的行为及其结果的归因是复杂而多维的，并且自我的归因将影响到今后类似行为的动机。他认为人们在解释自己或他人行为结果的原因时往往考虑以下六个方面。

第一，能力（或天资）。

第二，努力程度。

第三，任务难度（工作难度）。

第四，运气（机会）。

第五，身心状况。

第六，其他（如别人的反应）。

从不同维度上沿着不同的方向进行归因，对学习动机的影响是不同的。例如，当把失败归为能力低时，可能会丧失学习的动力；而当把失败归为运气不好或不够努力时，则有利于提高学习动机。相反，如果把成功的原因归为能力强时，则有利于提高学习动力；而当把成功归结为运气时，则可能降低学习动机。

从归因理论中可以发现，积极的归因是把学习成功归为自己的努力、端正的态度和学习方法的正确运用，把失败归于自己努力不够、学习方法不正确，而不是缺乏能力，更不是社会和教师因素。

因此，要树立"努力就能成功"的信念，它能帮助我们发现自己的能力，树立自信。当不断获得努力就能成功的体验时，学习就会成为一种主动行为。

（三）确定合理目标

明确自己的实际情况后，要从主客观实际出发。把目标建立在切实可行的基础上。评价目标是否合理的一种方法是看目标是否设置在虚线之间，即目标位于自己的真实水平上下。

（四）运用 SQ4R 策略系统

SQ4R 策略系统是目前在大学生学习中广泛使用的一种学习技术，其步骤如图 2-5 所示。

1. 浏览

浏览全书，大致了解材料的主要内容。此过程包括：看书名、文章标题、作者信息，做好学习新材料的思想准备，在深入阅读之前在头脑中确定材料的整体架构，浏览前言和后记以了解作者写作的背景和意图，并通过纵览抓住材料的核心观点等。

```
       ┌──────┐
       │ 浏览 │
       └───┬──┘
           ↓
       ┌──────┐
       │ 提问 │
       └───┬──┘
           ↓
       ┌──────┐
       │ 阅读 │
       └───┬──┘
           ↓
       ┌──────┐
       │ 陈述 │
       └───┬──┘
           ↓
       ┌──────┐
       │ 反思 │
       └───┬──┘
           ↓
       ┌──────┐
       │ 复习 │
       └──────┘
```

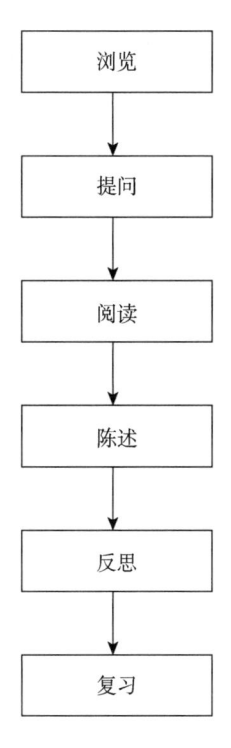

图 2-5 运用 SQ4R 策略系统的步骤

2. 提问

提问的简单做法是将标题转换成自己尽可能想出的几个问题，然后通过阅读寻找问题的答案。这样可以激发我们的好奇心，从而增强对新学习材料的理解。

3. 阅读

阅读可以填充我们头脑中建立起的框架。细读章节来回答上一步提出的问题。不要逐字逐句逐行地读，而要积极地寻找答案，抓住实质内容。在这个过程中，我们也可能会提出一些疑问，将这些问题记录下来，形成笔记，或直接记录在教材上，把内容重点、难点摘抄及心得体会写在专用笔记本上。

4. 陈述

读完后，合上书尝试简要回答上面提出的问题，最好能用自己的语言举例说明。如果不能清晰地陈述答案，那么重复阅读再尝试陈述。进行这一步时最好能结合笔记法，摘记一些短语作为陈述提示。完成第一部分后，按以上三个步骤学习后续的章节，直至完成整本书的阅读。

5. 反思

通过以下途径，试图理解信息并使信息有意义。

第一，把信息和已知的事物联系起来。

第二，把课本中的副标题和主要概念及原理联系起来。

第三，试着消除不重要的信息。

第四，试着用所读内容去解决联想到的类似问题。

第五，课堂上认真听老师讲解，及时和任课老师探讨不懂的难点知识。

6. 复习

按以上步骤通读全书后，查看笔记，总览全部观点及它们之间的关系，然后合上笔记尝试回忆主要观点及每一主要观点之下的次级观点。间隔一段时间后，通看一遍教材和笔记，然后合上书本，再根据笔记页面左侧的关键词进行回忆，查阅相关书籍或论文，补充所学内容，扩大知识面。

二、大学不同阶段实施职业生涯规划的策略

（一）大一时期实施职业生涯规划的策略

大一是职业生涯设计的启蒙——探索期，这一阶段的目标是职业生涯认知和规划，具体的实施策略包括以下几方面。

第一，熟悉环境，建立新的人际关系。提高人际沟通能力，在职业方面可以向高年级学生，尤其是毕业生询问就业情况。

第二，要转变由高中生到大学生的角色，重新确定自己的学习目标和要求。

第三，要开始接触职业和职业生涯的概念，特别要重点了解自己未来所希望从事的职业或与自己所学专业对口的职业，进行初步的职业生涯设计。

第四，积极参加各种各样的社团活动，提高交流、沟通技巧。

第五，在学习方面，要扎实学好专业基础知识，加强英语、计算机能力的学习，掌握现代职业者所应具备的最基本技能。

第六，大学第一年主要是基础课的学习，学习的任务相当繁重，重要的是培养适合自己的有效学习方法。

第七，如果有必要，为可能的转系、获得双学位、留学计划做好资料收集及课程准备，为将来的就业选择奠定良好的基础。

（二）大二时期实施职业生涯规划的策略

大二时期是职业生涯设计的深入探索——定向期，这一阶段的目标是初步确定毕业去向及相应能力与素质的培养，具体的实施策略包括以下几方面。

第一，考虑未来的毕业去向（深造或就业）。

第二，认识自己的需要和兴趣。确定自己的价值观、动机和抱负。

第三，通过参加学生会或社团等组织，培养和锻炼自己的领导组织能力、团队协作精

神，同时检验自己的知识技能。

第四，增强英语口语和计算机应用能力，通过英语和计算机的相关证书考试，并开始有选择地辅修其他专业的知识充实自己。

第五，可以开始尝试兼职并参加社会实践活动。最好能长期坚持并从事与自己未来职业或本专业有关的工作。通过兼职和参加社会实践可提高自己的责任感、主动性和受挫能力，并从不断的总结分析中得到职业的经验。

（三）大三时期实施职业生涯规划的策略

大三时期是职业生涯设计意识的建立——准备期，这一阶段的目标是掌握求职技能，为择业做好准备，具体的实施策略包括以下几方面。

第一，了解相关行业和企业的情况。如果准备出国留学或考研，应首先了解相关留学信息和学校信息，然后开始准备工作。

第二，了解收集就业信息的渠道，向学长、学姐了解往年的求职情况，学习撰写简历、求职信的方法和技巧。

第三，在加强专业知识学习的同时，考取与目标职业有关的职业资格证书或通过相应的职业技能鉴定。

（四）大四时期实施职业生涯规划的策略

大四时期是职业生涯设计的初步演练——冲刺期，这一阶段的目标是成功就业。具体的实施策略包括以下几方面。

第一，强化求职技巧，进行模拟面试训练等。

第二，深入了解相关行业和企业信息，再次检查自己的职业选择是否明智。

第三，积极参加各类招聘活动，向用人单位提交简历，参加用人单位组织的面试等。

三、实施职业生涯规划常见的阻力

目标的实现过程不可能是一帆风顺的，面对挫折与失败，有的人越战越勇，有的人却晕头转向。大学阶段目标实现的阻力主要有以下几种情况。

（一）目标设置不合理

就业、出国、创业均可以作为大学期间的发展目标，但必须具体、现实。如果选择先就业，那就要想清去什么地方就业、在什么行业就业、从事什么职位与性质的工作、希望拿多少工资等；如果选择出国留学，那就要考虑家庭经济承受能力、个人学习成绩尤其是外语水平等；而如果琢磨着毕业后自主创业，那就必须积累经验、学会分析市场行情、制订创业计划等。目标没有对错之分，适合的就是最好的。如果选定的目标不合理，那就已经失败了一半。

（二）制定目标的当事人缺乏执行力

执行力相当于心理学上所说的"毅力"。范仲淹在吃不饱、穿不好的艰苦条件下，却能坚持读书，最后还当上了宰相，他靠的正是毅力。

（三）目标实现的外在条件不具备或者发生改变

从哲学层面上讲，目标实现的内在条件相当于内因，外在条件相当于外因。事物的发展是内因和外因共同作用的结果，矛盾是事物发展的动力。外在条件虽然有不可控制性，但它毕竟要通过内部条件才能起作用，人是有主观能动性的，人们不仅可以利用与改造外部条件，还可以创造条件实现目标。

四、克服实施职业生涯规划遇到阻力的方法

（一）勇于坚持

成功者是用拼搏精神描写坚毅的感人传奇。要去判断人生道路上的这场胜负，在于用毅力换来的成绩，正如判断一棵果树的优劣，是看它结的果实是否丰硕，而不苛求它的叶子是否葱郁，成功者常常用毅力去书写迷人的胜利传奇。

（二）不轻易放弃目标

成功的人和不成功的人只相差一点点。成功的人可以无数次修改方法，但绝不轻易放弃目标；不成功的人总是变换目标，却从不或很少改变方法。在职业生涯发展道路上，只要不放弃目标，每一次挫折、每一次失败都是有价值的。只有暂时没有找到解决方法的困难，没有解决不了的困难。

（三）及时评估与修正

社会环境在随时发生着变化，自我也在不断改变，因此职业发展规划是一个动态的过程，绝不是确定了具体计划之后，就能一劳永逸地执行下去。一个人如果不能随时根据变化的情况，对具体的职业发展计划进行调整，职业发展规划就会沦为空洞的自我设计。因此，为有效实施职业发展规划，必须在实施过程中随时评估，并根据评估结果的变化及时修正。

五、大学生职业生涯规划的调整

经过一段时间的实施后，目标越来越清晰，错误也逐渐显现出来，这时可以对自己的职业定位和职业方向重新进行判断、调整。只有通过不断调整，才能保证目标的合理性和措施的有效性，也才能最终促使实现生涯目标。

（一）调整的目的

通过对职业生涯规划的调整应该达到下列目的：

第一，决定放弃或者坚持自己的目标，并进行必要的调整。

第二，明确影响实施效果的关键因素，对实施策略的合理性加以认识。

第三，对需要改进之处制订调整计划，以确定修订后的实施策略能帮助自己达成生涯目标。

（二）调整的影响因素

1. 个人因素

个人因素包括年龄、性别、学历、工作经历、家庭背景等。一方面要正确认识自己，另一方面要不断完善自己。在职业生涯规划实施一段时间后，要根据自己的实际情况对其进行相应调整，使其更符合自身发展需要。

2. 环境因素

环境因素包括社会环境、政治环境、经济环境、科技环境、自然环境、法律环境等。从宏观层面认识到职业生涯发展的局限和可能，个人只能适应而不可改变。

3. 组织因素

组织因素包括组织规模、组织结构、组织文化、组织发展状况、人力资源规划、人力资源管理系统类型、晋升政策、人际关系等。要改变组织因素非常困难，但个人可以选择到最适合自己发展的组织中工作。

（三）调整的内容

对职业生涯规划进行调整的内容包括以下几方面。

第一，生涯目标的重新选择。

第二，生涯发展路线的重新确定。

第三，阶段性生涯目标的调整。

第四，生涯发展目标的调整。

第五，生涯目标实施策略的变更等。

第三章 民族地区高校大学生求职技巧

在对目前的就业情况有大致的了解，明确影响职业成功的制约因素和职业选择理论之后，我们就来探讨一下怎样成为求职场中的胜利者。

明白自己求职的目标和自身的定位后，开始真正着手求职，这时你就可以运用你聪明的大脑，想尽一切办法去做好。职场是一场没有硝烟的战场，要打好这一仗，同样必须有勇有谋，双管齐下，才能胜券在握。根据许多招聘会多家公司的招聘主管的体会，现在大学毕业生在求职中存在着很多误区，而这些都是直接导致自己求职失败的原因。

(1) 对企业一无所知。很多毕业生应聘企业很随意，在一次招聘会上，一家化妆品公司的招聘主管让应聘大学生说出几款该公司代理的品牌名字，没想到求职者一个都答不出来。这位招聘主管说："对公司这么陌生，在求职前不去了解该公司，很难想象他对自己的职业生涯有所规划。这样不负责的人，我们肯定不会用。"记者了解到，这种情况招聘单位遇到很多。

(2) 自以为是。对于一些大学生而言，并非找不到任何工作，而是由于对工作的期望值过高，对一些低档次的工作不屑一顾，盲目追求一些脱离自身实际的"高工资、高待遇"的理想工作。这种"半吊子"型的人才，在就业压力日益增大的今天必然要走向失业。

(3) 应聘职位太盲目。不少大学生并不知道某个职位的职责分工是什么，只会从字面去理解。一家公司"营业服务部"下属的商品企划室招聘人，结果许多大学生看到"服务"二字，就以为是做服务工作无人应聘。而当公司把"服务"两字去掉后，马上就有很多人投简历。人事主管告诫说，如果对职位不明白可以询问用人单位，不要单从字面上去片面理解，这样很可能会错过一个好机会。

(4) 不愿到基层吃苦。大学生刚刚踏入社会，刚进入企业，很难立刻进入角色。一些公司规定所有新参加工作的大学生都要到一线去锻炼一年，有的同学一看不能马上搞设计、搞管理工作，要"吃一年的苦"，就打退堂鼓不愿意干了，白白丢掉很好的工作。

(5) 独立性欠缺。许多大学生在学习中只知死啃书本，没有足够的社会实践，每次应聘都要父母参与求职，自己则缺乏主见。还有的毕业生笔试、面试通过后，在与公司签约的时候，父母到场与用人单位说长道短谈条件。对于这种行为，多家公司的人事主管都表示反感。"找工作的前提是，你是一个独立的人，有自己的判断能力，能对自己负责。"一位人事经理说。

"上兵伐谋，下兵攻城"，反思上述求职失败的原因，在求职中必须讲究一些策略，才能使你从众多竞争对手中脱颖而出。

第一节　就业求职策略

一、自我推荐

(一) 学会推销自己——做一个诚实的求职者

求职过程就是把自己推销出去的过程，推销自己是一件很头痛的事，但也很关键。

有这样一个例子：

日本有一个推销员，他在推销一块土地的时候，费了九牛二虎之力，却总是失败。

其实，这块土地的地理位置和其他条件都很不错，唯一缺点就是噪声较大，这个推销员每次向客户推销时，总说这块土地的好处，极力掩盖它的不足，可客户一实地考察，立刻发现它的噪声问题，于是客户不愿意买这块地了。

后来，这个推销员失败很多次后，改变了方法，当再有客户来时，他先说这块地的优越之处后，又格外强调了这块土地的不足之处，"这块地离工厂不远，噪声大了些，这也是这块地较为便宜的原因，如果你不介意这一点，把它买下来，是很合算的"。

客户到了这块地后，仔细看了周围的环境，对这个推销员说："你是一个诚实的人，开始我还以为噪声有多大呢？现在看来，比我想象中小多了，提到这块地我买下了。"

这个成功推销的诀窍就在于推销员说了实话，是先以诚恳打动了客户，自己敢于提到缺点，这样就会使人认为，既然你连你最忌讳的缺点都说了，那么你说的其他的，肯定也是真实的了。并且，当你先告诉客户不足之处，让客户有了心理准备，相比在事先不知道的情况下，看到这个缺点的感受和震撼要小很多。可以说，这个缺点就不能称为多么大的缺点了。所以，我们在求职时，有些缺点如果无法掩盖，必然会被用人单位发现的话，那么，你最好诚实一些，主动说出来，这样你的缺点就不会影响你的求职，并且能让用人单位更加信任你。

(二) 根据用人单位的需求推销自己

现代企业对人才的要求最基本的是三个方面：一是能力，包括知识、技能和经验；二是过去的表现和成绩；三是文化，也就是求职者个人的价值观，每个公司都有自己的文化和价值观，它们更注重求职者对公司文化的认同。

据调查，一些企业无一例外都强调了求职者的综合素质。很多企业认为，一个优秀的人才应该具备这样的素质：有社会责任感；有工作责任心；循序渐进，永不言败，注意成果积累而不好高骛远；挖掘潜力，自信心强；敢于承担风险；敢于挑战自我，而不是压制别人；热爱生活，热爱家庭，乐观进取；有一技之长。另外，还要求在工作中必须敬业。相形之下，求职学生的成绩表倒不是最重要的了。

青岛啤酒集团人力资源部的陈余则认为，优秀的高校毕业生人才，应该不同于学校里所评定的优秀学生，当然学习成绩好说明这个人可能非常能吃苦，也可能非常聪明，但并不能说明这个人在工作中就是一个优秀的人才。比如，对于市场营销来看，也许一个高校课程学得非常好的学生并不具备作为一个优秀营销人才的基本素质。它包括了表达能力、说服能力、交际能力等多方面因素。因此，一个优秀的市场营销人才就不能单纯从考试成绩上来体现，而是一个综合素质和实践经验的问题。

二、获取信息策略

(一) 信息收集

找工作前的信息收集是你准备求职的重中之重，谁掌握的信息多（包括求职渠道、公司信息、社会形势、国家政策、学校规定等），谁就掌握了战场的主动权。打赢职场信息战，关键是信息的收集和整理。以下是几种常见的收集信息的途径。

1. 直接联系（成功率最高的求职方法）

如果你对某公司心仪已久，可直接与它们取得联系。翻开电话簿，找到你心仪的公司，打电话去看它们是否在招你这样的人，或者不管对方有没有空缺、有没有登广告，立即找那些你感兴趣的企业。说明自己的来意，询问它们今年的人力资源需求情况、人事招聘计划，看有没有机会。

2. 亲朋好友介绍（比较稳妥且成功率高的求职方式）

向朋友、老乡、亲戚等打听，看他们那里有没有好的工作机会，或者和以前的老师、教授联系，看看有没有门路。向亲朋好友打听各种工作机会，可以扩大找工作的网络，这样就可能多了几十对耳目替你找工作。如果要想更有效，事前便应该给亲戚朋友一些较详细资料，例如，你要求的工作类别、个人专长等。

3. 就业辅导中心

应届毕业生可以充分利用所在学校就业辅导中心这个渠道，学校就业指导中心在这段时间会给毕业生提供很多就业信息，如传统用人单位招聘计划、联系方式等，信息虽不大但比较有效，或者通过当地政府人力资源部就业辅助中心寻求机会。

4. 招聘讲座

每年岁末和次年的2月、4月，一些有实力的大公司就开始进驻学校，举行招聘讲座。在讲座中毕业生不仅可以较详细地了解企业各方面的情况，而且可以就自己关心的问题进行提问。如果你对某个企业感兴趣，它的招聘讲座最好不要错过。

5. 招聘洽谈会

学校举办的招聘洽谈会在每年的11月底到第二年的3月初，有的是某个大学单独举办，有些是几所学校联合举办。近年来，由于毕业生分配压力增大，地方政府也开始举办面向应届生的招聘洽谈会。各地举办洽谈会的具体时间可向学校毕业分配办公室、当地人事局或人才交流中心询问，这是就业中常见也最常用的求职方式。但注意，这仅仅只是其中的一种方式而已，千万不要把自己限制在学校内。

有关校园招聘小资料：

"国内很多企业喜欢从社会上招聘已经成型的人才，而像IBM、宝洁这样的跨国大企业却很重视校园招聘，这种差异显示出企业人力资源管理理念的差距。"中华英才网总裁张建国在"2006·大师说策"北京千名人力资源精英大会上这样说。

拒绝大学应届毕业生，重视已经具备成熟经验的求职者，不愿培养新人，把新人当作"只吸一口甜水就扔掉的甘蔗"，这些都是当前很多企业的选人、用人状况。针对这种"选人观"，张建国在接受采访时坦言，只想省事而不愿培养自己人才的企业永远不会成为行业内的领先者，这只能说明企业自身还没有建立成熟的人力资源管理体系，没有一套行之有效的职业培训系统。

"好的企业是非常注重员工培养的，比如，宝洁，它把校园招聘作为人力资源管理的根基来经营，做好校园招聘不是简单的技术问题，而是文化理念问题。"张建国认为，校园招聘其实是符合企业可持续发展目标的，因为大学毕业生具备三个优势：

第一，从大学刚毕业的人培养性和可塑性很强，更容易认同企业的文化和价值观，更能够接受企业的理念和标准的行为规范，"只有认同本企业的员工才能全身心地为企业创造价值，如果你的员工是带着一身经验来的，他们再能干，却无法认同企业本身，这对企业来说就是一个可怕的黑洞"。

第二，大学毕业生的学习能力和求知欲一般都很强，培养潜力很大，企业完全可以从中发现未来的管理人才,这些完全理解企业目标和文化的"内生儿",与企业的价值体系是完全接轨的,不需要很长的磨合期,这就比再从外面"空投"企业管理者成本低很多。"如果企业总是哪个部门缺人了,就头痛医头、脚痛医脚地随便招人进来,而没有一个成系统的招聘规划,那最后的结果就是企业年年招人,却始终无法从企业内生出优秀的管理人才。"

第三,校园招聘是企业最方便、成本最低的大规模引进人才的渠道,高校是企业可以集中挑选高素质人才的最佳场所,"比如,微软从全国高校中可以选拔出 200 个精英,而这 200 人如果从社会上依靠猎头公司一个一个寻觅,成本就非常高了"。

校园招聘具备这么多优势,但很多中小企业还是认为自己与此无关。"我碰到过很多中小企业都说,我们是小公司,没有能力来培养新人。"中国人民大学教授、著名人力资源管理专家彭剑锋说,"其实不然,一个企业如果想发展壮大,用人是非常关键的,应该从一开始就建立规范的人力资源管理体系,否则人力资源管理系统的不完整必然会成为企业做大做强的阻碍。"

同时,张建国提醒即将走出校门的毕业生,面对很多企业不重视培养新人的现实,要提高自己承受委屈和压力的能力,要思考如何锻炼自己的职业技能,提高终身就业能力,这样未来的职业道路才会越走越宽。

资料来源:中国人才网

6. 招聘广告

有些公司在校园或者媒体公布招聘信息。如果是本地公司,你最好能上门拜访,一方面了解自己应聘的可能性,另一方面了解公司的实力。对于外地公司,如果是知名企业,可以根据要求直接将自己的应聘材料寄过去;如果是不知名的企业,必须慎重,不能仅凭广告而轻信对方的承诺,以免上当受骗。

7. 网上求职

随着 Internet 的普及,一般大公司及高新技术公司都有自己的网站,你可以在它们网站上咨询最新的招聘信息,有的网站甚至可以在线进行应聘登记。不过,如果你认定了某家公司,在签约之前还是要亲自到该公司去一趟,以便了解该公司的实际情况。

另外,也可以在网上寻找一些自己想要的资料。BBS 是绝对不能忽略的,这里的信息一般比较新,但需要注意区别。在给用人单位发 E-mail 的时候,切忌以附件形式发送你的简历。因为考虑到网络安全的原因,用人单位一般不愿意冒险打开应聘者的附件资料。

(二) 通过网络进行信息收集

表 3-1 是求职的网站名,供读者参考。

表 3-1　求职网站

搜狐招聘频道	中华英才网	前程无忧	中国国家人才网
e职独秀人才网	智联招聘网	中国人才热线	招聘求职易才网
中国人力资源网	中国人才网	中国俊才网	中国房地产人才网
中国酒店人才网	鲁能人才网	中国海峡人才市场	中国天英人才网
网易职业频道	中国工程机械人才网	钱江人才热线	南方人才网
人力资源频道	银河人才网	博思人才网	新乾人才热线
HR110人才直通车	中华航运物流人才网	重庆联英人才网	91中国人才招聘网
大学生兼职中心	中国伯乐人才网	我翻我译人才网	job88人才网
中国人力资源开发网	买卖提招聘求职网	齐鲁人才热线	招才网
中国高校就业联盟网	天地人人才网	长江人才网	易才网
择业网	中华物流人才网	神州人才在线	上海共通人才网
教培英才网	简历吧	菊城人才网	中国职业咨询网
华东人才网	HR沙龙—人力资源沙龙	伯乐招聘网	成功招聘网
苏州新长城人才网	百大英才百大网	温州人才招聘网	我的简历网
河南人才在线	易之易工作网	上海猎头网	中国毕业生网
中国教育人才市场	简历中国	E职时空	杭州工作网
教育培训工作在线	天津工作在线	天基人才网	中国招聘热线
招聘求职网·北京站	大佛山人才网	天津人才网	
口碑培训	内蒙古荣达人才网	中国大学生就业见习网	

三、善于总结经验

求职者总会犯一些前人已经犯过多次的错误，可谓屡教不改，把前人的教训作为自身的经验，站在前人的肩膀上是一种极佳策略。

（一）避免期望值过高

不少毕业生自认为学识渊博，做什么工作都不费吹灰之力，他们在择业时极容易出现"高不成、低不就"的现象。因此，清醒地认识自己非常重要。其实，先低就、再高就是一种非常务实的求职方法。

（二）对薪酬要求适度

一些毕业生不但要求月薪高、生活好，还讲究住房、奖金等林林总总的物质享受，如果用人单位稍不满足他们的要求，他们便潇洒地"移情别恋"。对于这种现象，一些企业人士这样说："企业竞争也是人才竞争，可人才太多，动不动就讲待遇，眼光又高，我们哪敢用他们。"当今企业用人越来越趋于理性化，严格控制人力成本，对企业来讲，它看重的是你能不能给企业创造财富。

（三）过硬的综合素质

就业能力不单纯是指某一项技能，而是大学生多种能力的综合体现。当前，在部分大学生中出现了重专业轻基础、重书本轻实践、重功利轻素质、重共性轻特长、重实用轻人文的"五重五轻"倾向，发展不全面，综合素质不高，就业效果不理想。

（四）突出核心竞争力

就业是大学生参与社会活动的一种主要方式，就业能力的高低必须在实践中体现出来，经过社会的检验，得到社会的承认。就业不仅是综合素质的展示，更是核心竞争力的较量。部分大学生缺乏"人无我有、人有我优、人优我特"的特色意识，容易造成竞争优势不明显。

（五）提高人文素质

当前，用人单位往往将本单位的文化、价值观、经营理念以及对人才素质的要求结合起来，要求大学生不仅要基础扎实、技能过硬，而且要意志坚强、人格独立、个性健康、品德高尚。个别大学生不注重科学素质与人文素质并重，不注重智力因素和非智力因素的协调发展，人文精神欠缺。

（六）就业技能不熟练

就业是大学生和用人单位双向互动的过程，要求大学生充分准备、准确定位、主动出击、果断决策。个别大学生职业意识模糊，自我定位不准，自荐材料无特色，职业心理准备不足，出现缺乏自信、过于理想化、盲目从众、瞻前顾后、见异思迁、高不成低不就等现象。

（七）大小企业一视同仁

相当一部分大学生认为，只有到大型企业去干，才能充分发挥自己的聪明才智。他们的理由是，大型企业具备实现人生价值的物质和精神条件，机遇好，福利好，工作稳定；而小企业只有那么几十或几百号人，资金不雄厚，更谈不上有什么发展前途。其实，有些大型企业里面人才济济，竞争十分激烈，而一般的小企业，对人才的需求如饥似渴。小企业往往在创业阶段，是很能锻炼一个人的能力的，看到一个小企业在自己和同事的努力下成长起来，其成就感是无法在大企业可以相提并论。另外，无论在大企业，还是在小企业，只要有真才实学，脚踏实地，同样能干出一番事业来。

（八）对热门职业不从众

行政、人事、财会、计算机等工作是大学毕业生追求的热门，可毕竟僧多粥少，用人单位"百里挑一"。而一些冷门职业尽管急需大批人才，但问津者寥寥无几。因此，大学生不妨去应聘那些冷门职业，机会可能更大一些。

(九) 不可一味降低薪酬

因为当前经济形势的不确定因素，有些找工作的人认为应降低他们的薪水要求，使得他们在用人单位面前更具吸引力。货真价实是市场经济的基本特点，好货不便宜，便宜没好货，这在人才市场同样适用。用人单位将把薪水要求低的人视为"无用之才"，而对那些薪水要求比以前还高或差不多的人则另眼相看。假如你对薪水的要求明显低于市场价格，那么你不仅不能提高你应聘成功的概率，反而可能给招聘单位留下自信心不足的印象。

(十) 不可随便跳行业

有人认为如果找不到自己对口的工作，那就另谋高就。这种想法在求职中弊大于利。离开自己熟悉的工作，这意味着你将要重新与有经验的人竞争，在新的职业中你可能保不住你的那份薪水。

调换职业在经济上的影响是负面的。据统计，一般情况下，比以前的收入可能要平均损失 20%～50%，需要好几年才能恢复现有的工资水平。

(十一) 到正在裁员的公司去求职

找工作的人喜欢避免那些正在解雇员工的公司，认为一个减员的公司怎么还会雇用新人呢？而在现实生活中，这些公司可能恰好就是求职人的最好去处。因为，有一些公司一边在裁员一边却又在招聘，这一点是当今劳动力市场上的"秘密"，在经历过经济困难的公司里，往往有很好的工作机会。

四、追求高薪取之有道

众所周知，高薪职位屈指可数，竞争之激烈可想而知。近年来，企业在人事费用上斤斤计较，其实，求职者如果能灵活运用一些策略，讲究一下方法，取得高薪将不再是难事。

(一) 谨慎选择前景可期的公司

高薪资来源于公司的高绩效，如果公司经营状况堪忧，追求高薪无异于缘木求鱼。选择公司时，必须注意做到以下两点。

第一，公司体制是否健全，求职者应着重分析导致绩效变坏的原因所在，更应关心影响绩效的结构性因素，而不是目前的绩效表现，如组织决策、管理者品质、员工素质、核心技术等。结构不良的组织，个人再努力都很难力挽狂澜，就如一部结构松散的汽车，迟早会散架。

第二，领导人是否具备前瞻性眼光。如果领导人具有前瞻性，眼光具有扩充性，绩效空间因此具有发展性。发展性的绩效空间，将提供员工放手一搏的舞台。于是，个人有发展空间，薪资增长自然水到渠成；反之，领导人急功近利、目光短浅，将没有稳定成绩的基础，薪资增长成为意外，高低之间并无规矩，高薪只是一种机遇，谈不上是成就。选择公司时，不妨随机和该公司员工聊聊，观其对领导人的评价。

（二）具备关键才能的求职者价值连城

如今科技进步，资讯发达，企业竞争已从传统的产品战，演变成为行销战、策略战等全面性的竞争。企业之争其实就是人才之争，掌握关键技能的人，已成为企业竞争的利器，这类人才成为企业高薪聘请的对象。所以，应时时注意企业整体环境发生了哪些转变，并考虑在这样的转变下，需要什么样的技能，以便及早准备，提升自我价值。

（三）丰富的阅历奇货可居

企业竞争激烈，企业愿意付高薪给两种人：第一种是掌握关键技术的专才；第二种则是阅历丰富的通才。阅历丰富的通才，可以有效整合企业内高度分工的各项资源。求职人应把握各种机会，向招聘公司体现你丰富的阅历。

最后一招，也是最重要的一招，就是不要追求高薪，而要追求增加个人的价值。薪资是反映一个人或一件工作的价值。如果一味追求高薪，而忽略薪资仅是个人价值的反映，不免舍本逐末。没有个人价值为基础的高薪，将仅是一时之快，乐极生悲。前几个秘诀，不外乎是创造价值的环境及表现价值的要领，全部皆以价值为核心。所以，追求高薪的第一步是要忘记自己要追求高薪，而尽全力创造价值及表现价值。

五、充分利用非语言交际

这是求职过程中的一种绝对必要也绝对重要的身体语言策略，它能使你在求职的相互交流中显得随意而又轻松。微笑有很多好处，它能让你很自然地与别人接触，能让别人信任你、欣赏你，也能让你处于一个很有激情、很乐观的精神状态，随时表现出充足的信心。

（一）微笑

微笑，能够使你在招聘者眼中是一个积极乐观的人，这种品质是每个公司都很喜欢的。但作为现在的年轻人，有时很难做到这一点，尽管心里明白自己应该微笑，可总是笑不出来，无法把微笑保持在你的脸上。由于年龄的增长，我们逐渐变得成熟，而成熟中往往带有一种忧郁，我们不得不面对很多问题，而这些问题又不断地困扰着我们，使得我们无法微笑着去面对生活。这是现在城市年轻人的一个共性，也是时代的一个特征。

（二）示弱

我们在年龄增长的时候，不要过分地把自己包装得很成熟，不要把一些天真和单纯嘲笑为幼稚和愚蠢。有时候，什么都不要想，天真一些，也许能让你的生活更快乐。许多人不喜欢女孩太聪明，总希望看到她们的一些傻气，这种偶尔表现出来的傻气让我们觉得这个女孩更加可爱，更惹人喜爱。其实，男孩也是同样的，偶尔的傻气会让人觉得你更真实。

因此，不要过多地装扮成很成熟的模样，做一些天真的趣事，往往会使你发现生活的乐趣，你就会慢慢地快乐起来，真正变得积极，真正地微笑着面对每个人、每件事。

第二节　民族地区高校大学生求职的技巧

如果把简历比作推销自己的个人广告，那么求职信就如同广告词，要简短而具有说服力，并且吸引人。有人认为没必要花太多精力写求职信，因为根本没人会读。其实不然，大多数雇主仍把求职信看作对求职人员的第一印象。求职信一般是要和简历一起寄出去的。即使找工作时，雇主并未要求你这么做，你还是应该在简历中附上一封求职信。浏览求职信往往也是雇主筛选应聘者最常用的办法。

求职信也许作用不大，但如果你不把它附上，你的情形只会更糟。"一封没有自荐信的简历，就像一位没有开口说话的推销员站在你的门前。如果你想让一位陌生人走进你的屋子，你至少要看一看他的证件。"这正是求职信所要做的——它把一位完完全全的陌生人，介绍给读者。它必须简短概括，具有个性化。针对你所应聘的职位，把你可以做的工作和想做的工作逐一进行陈述。

一、推销自己的文字撰写技巧

（一）求职信

1. 求职信的适用范围

求职信是欲就业或欲转新岗位的人向用人单位申请职业的信件。一般来说，它适用于这样一些情况。

用人单位发布出信息欲招收职员。用人单位由于工作需要招收新的职工或负责人面向社会公开招聘，欲应聘的人员可根据用人单位发布的用人信息，对照自己的能力和特长向该单位申请就职。这种情况下所写的求职信往往目的性强，只有符合条件的人员才可前往应聘。

求职者无明确的用人单位，而只是根据自己的特长而求职的，这样的求职也只是适用于那些有意招收员工的用人单位。

2. 求职信的特点

求职信的特点主要有以下两点。

第一，自我推荐的特性。求职信是写给可能招收自己成为其中一员的单位的，其目的就是推荐自己，以期成功地得到自己想要的工作岗位，所以从这一角度来讲，求职信同推荐信是相同的，那就是要阐明自己的专长和技能，向用人单位推荐自己。

第二，个人对单位、组织的行文关系。求职是面对集体、单位的，它不是个人与个人的书信交往，所以求职信是个人向单位、向组织"发文"的一种专用书信，这也是求职信的一个显著特点。

3. 求职信的写作

求职信是自我描绘的立体画像，是求职的第一阶段，其目的同个人简历一样，主要是引起招聘者的注意，争取面试机会；但同个人简历又略有不同，求职信是针对特定的个人而写，而简历的写作却是针对特定工作岗位，求职信可以说是对简历的补充和概述。

求职信一般由三部分组成：开头、主体和结尾。开头部分包括称呼和引言，称呼要恰当，引言的主要作用是尽量引起对方的兴趣看完你的材料，并自然进入主题部分，开头要人注目，说明应聘缘由和目的。

主体部分是求职信的重点，简明扼要并有针对性地概述自己的简历内容，突出自己的特点，并努力使自己的描述与所求职位要求一致，切勿夸大其词或不着边际，外企招聘人员尤其重视这一点。

结尾部分要做到令人回味，把你想得到工作的迫切心情表达出来，请用人单位尽快答复你并给予面试的机会，语气要热情、诚恳、有礼貌。

一般而言，完整的求职信需要具备以下四个要素。

（1）开头。开头一定要开门见山地写明你对公司有兴趣并想担任空缺的职位以及你是如何得知该职位的招聘信息的。

例如：

获知贵公司于____年____月____日在_____报上招聘_____的信息后，我寄上简历，敬请斟酌。

（2）正文。求职信的第二部分要简短地叙述自己所学的专业以及才能，特别是这些才能将满足公司的需要。没有必要具体陈述详细内容，引导对方查看你的简历。此外，推销时要适度，不能夸大其词。

（3）联系方式。在求职信中给出你电话预约面试的可能时间范围，或表明你希望迅速得到回音，并标明与你联系的最佳方式。

（4）收尾。感谢他们阅读并考虑你的应聘。

4. 外企的求职信撰写

外企求职信一般要用外语写，主要是英语，或准备好中、英文两份材料。写求职信的过程本身也就反映出了你的外语水平，故应尽量做到语言规范，符合外文习惯，减少语法错误。

求职信要有针对性。针对不同企业不同职位，求职信的内容要有所变化，侧重点有所不同，使对方觉得你的经历和素质与所聘职位要求相一致，因为外企招聘所需要的不是最好的员工，而是最适合其所聘工作的人。

外企求职信中不要流露出不自信的思想，外企忌讳的是不自信，这与中国传统的"谦虚是美德"略有不同，在写外企求职信时，不必太谦虚，应充分强调自己的长处和技能，对自己较重要的经历和实践要有较详细的叙述。

要本着诚实不欺的原则，不能无中生有，自吹自擂。因为西方人认为诚实守信是一个人的第一美德。有一个外企应聘者在求职信中写到自己的爱好兴趣时，写了喜欢旅游和赛艇，其人实际上很少外出，对赛艇更是一无所知，但为了以具有冒险精神及刺激性的形象吸引外企招聘者故意加了这两条。结果在后来的面试中，主试者谈到自己也是个赛艇爱好者，但对赛艇转弯技术却不甚了解，想与该应聘者切磋。应聘者立即面红耳赤、手足无措，不得不承认其对赛艇一无所知，主试者不满其弄虚作假立即拒绝录用他。

在写外企求职信时，应注意写"怎么干"，这比"干什么"更重要。比如，你担任过校学生会主席，不要只写头衔，更重要的是你是如何担任这个职位的，组织了哪些活动，有什么成绩，怎么组织这些活动达到既定目标。因为外企重视的不是你的身份，而是你如何在所任职位上发挥你的才能，他们大都以此来判断你的能力和潜力是否能胜任其所聘职位的工作。

在西方，求职信和简历是一样重要的。而在我国，虽然有的雇主不要求写求职信，有的猎头顾问或是企业招聘人员也没时间仔细阅读求职信，但求职信的作用还是不容小觑。最近中华英才网上的一份网上调查——人事经理，您对求职信的关注程度如何？结果显示，34%参与调查的人事经理表示非常重视求职信，54%的人事经理表示将求职信作为重要参考，只有11%的人事经理根本不看求职信。

5. 标准的求职信内容

一份标准的求职信内容包括以下几点。

写求职信的理由：从何处得悉招聘信息，你的申请目的，加入企业的原因，你要申请什么职位；

做自我介绍：说明你为什么适合申请的职位，提出你能为未来雇主做些什么，而不是他们为你做什么；

简明突出你的相关实力：即为什么你比别人更适合这个位置；

强调你所接受过的培训，你的经历、技能和成就；

结尾段落中提出你的进一步行动请求，这里你可以建议如何进一步联络，留下可以随时联系到你的电话或地址。当然，如果能对阅读者表示感谢，效果会更好，以我们的经验，现在许多公司招聘任务是十分繁重的，招聘人员每天要阅读大量的简历，一句关切的问候会给人留下很深的印象。

6. 写求职信的注意事项

求职信要短，但一定要引人入胜，记住你只有几秒钟吸引你的读者继续看下去。在求职信中要重点突出你的背景材料中与未来雇主最有关系的内容。通常招聘人员对与其企业有关的信息是最敏感的了，所以你要把你与企业和职位之间最重要的信息表达清晰。

言简意赅，切忌面面俱到。求职信的功用只是为你争取一个参加面试的机会，你不要以为凭一封求职信就可以找到一份令你满意的工作，而且这种错误的心态会使你写的求职信啰啰唆唆。招聘人员工作量很大，时间宝贵，求职信过长会使其效度大大降低，1992年哈佛人力资源研究所的一份测试报告的数据也证明了这一点，即一封求职信如果内容超过400个单词，则其效度只有25%，即阅读者只会对1/4的内容留下印象。

不宜有文字上的错讹。一份好的求职信不仅能体现你清晰的思路和良好的表达能力，还能考查出你的性格特征和职业化程度。所以，一定要注意措辞和语言，写完之后要通读几遍，精雕细琢，切忌有错字、别字、病句及文理不通顺的现象发生。否则，就可能使求职信"黯然无光"或是带来更为负面的影响，切忌过分吹嘘。从求职信中看到的不只是一个人的经历，还有品格。

针对性和个性化会让你的求职信从数百封的信件中"脱颖而出"。不少人事经理反映，现在求职信中最常见的问题是"千人一面"。的确，网络给求职者提供了更多方便，但面对互联网上成千上万的职位，有的求职者采用了"天女散花"式发求职信的方式，事实上它的命中率很低，结果不仅是连"广种薄收"都达不到，而是多以"广种无收"告终。原因很简单，这种千篇一律、没有任何针对性的求职信，招聘人员看得太多了。此时，针对性已成为求职信奏效与否的"生命线"。另外，个性化也很重要。有的求职信没有任何豪言壮语，也没有使用任何华丽的词汇，却使人读来觉得亲切、自然、实实在在。

在求职信正式发送之前，给身边的人看一下。这也是求职信撰写中一个重要技巧，目的是避免歧义的产生，让求职信更好地传达你所要传达的信息。

下面就是一则典型的求职信，以此为借鉴，让我们一起来看看怎样才能写出一封成功的求职信。

求职信范例 1

××经理：

您好！我写此信应聘贵公司招聘的经理助理职位。我很高兴在招聘网站得知你们的招聘广告，并一直期望能有机会加盟贵公司。

两年前我毕业于首都经济贸易大学国际贸易专业，在校期间学到了许多专业知识，如国际贸易、国际贸易实务、国际商务谈判、国际贸易法、外经贸英语等课程。毕业后，就职于一家外贸公司，从事市场助理工作，主要是协助经理制订工作计划，一些外联工作以及文件、档案的管理工作。本人具备一定的管理和策划能力，熟悉各种办公软件的操作，英语熟练，略懂日语。我深信可以胜任贵公司经理助理之职。个人简历及相关材料一并附上，希望您能感到我是该职位的有力竞争者，并希望能尽快收到面试通知，我的联系电话：××××××××××

感谢您阅读此信并考虑我的应聘要求！

此致

敬礼！

您真诚的朋友：×××
×年×月×日

求职信范例 2

尊敬的_____先生/女士：

您好！请恕打扰。我是一名刚刚从_____大学会计系毕业的大学生。我很荣幸有机会向您呈上我的个人资料。在投身社会之际，为了找到符合自己专业和兴趣的工作，更好地发挥自己的才能，实现自己的人生价值，特向领导作自我推荐。

现将自己的情况简要介绍如下：

作为一名会计学专业的大学生，我热爱我的专业并为其投入了巨大热情和精力。在四年的学习生活中，我所学习的内容包括从会计学的基础知识到运用等许多方面。通过对这些知识的学习，我对这一领域的相关知识有了一定程度的理解和掌握，此专业是一种工具，而利用此工具的能力是最重要的，在与课程同步进行的各种相关实践和实习中，具有了一定的实际操作能力和技术，在学校工作中，加强锻炼处世能力，学习管理知识，吸收管理经验。

我知道计算机和网络是将来的工具，在学好本专业的前提下，我对计算机产生了巨大的兴趣并阅读了大量有关书籍，掌握了 Windows 98/2000、金蝶财务、用友财务等系统、应用软件 FoxPro、VB 语言等程序语言。

我正处于人生中精力充沛的时期，我渴望在更广阔的天地里展露自己的才能，我不满足于现行的知识水平,期望在实践中得到锻炼和提高,由此我希望能够加入你们的单位。我会踏踏实实地做好属于自己的每一份工作,竭尽全力地在工作中取得好的成绩。我相信经过自己的勤奋和努力,一定会做出应有的贡献。

感谢您在百忙之中给予我的关注,愿贵单位事业蒸蒸日上,屡创佳绩,祝您的事业百尺竿头,更进一步!

希望各位领导能够对我予以考虑,我热切期盼你们的回音。谢谢!

此致

敬礼!

联系方式:电话:××××××××

手机:×××××××××××

E－mail:××××××

××年××月××日

(二)简历

好的简历可以改变你的一生,简历往往是招聘人员了解你的第一个途径。一份好的简历,可以在众多求职简历中脱颖而出,给招聘人员留下深刻印象,然后决定给你面试通知。

1. 简历是沟通能力的体现

现代企业越来越强调沟通能力,简历是你与招聘单位的第一次沟通,你的目的是让对方认识和接收你,单位的目的是了解你。

对单位人事部来说,你可能是数以千计的应聘者之一,有些简历甚至没被认真阅读就被扔进垃圾桶,更多简历在招聘人手中只停留10秒,也难逃相同的命运。那些书写潦草、满纸错字的简历根本不可能过关。

一定要重视简历的包装,但包装虽然重要,决定胜负的却是内涵。你是否真具有单位所需要的才能才是应聘成功与否的关键。在写简历时,要有效地表达个人信息。

如果你不具备单位要求的条件,就算弄虚作假取得面试机会,也一样会被识破。但如果你正是单位所需要的人,却未取得面试机会,就该检查自己是否在简历中有效表达了个人信息。

简历的基本内容是必需的。别看简单,可总有不少人忘记写上自己的联系方式或是性别。以下是简历中不可少的内容:个人基本信息、职业目标、教育背景、所受奖励、校园及课外活动、兼职工作经验、培训、实习及专业认证、兴趣特长。

2. 简历的成功要诀

求职目标清晰明确。所有内容都应有利于你的应聘职位,无关的甚至妨碍你应聘的内容不要叙述。

突出你的过人之处。每个人都有自己值得骄傲的经历和技能,如你有演讲才能并得过大奖,你应详尽描述,这会有助于你应聘营销职位。

用事实和数字说明你的强项。不要只写上你"善于沟通"或"富有团队精神",这些空洞的字眼招聘人已熟视无睹。应举例说明你曾经如何说服别人,如何与一个和你意见相左的人成功合作,这样才有说服力并给人印象深刻。

业绩是强有力的,所以,如果由于你的努力使某些事情发生了积极的、显著的变化,那么它就应该属于你的简历。如果你不知道该怎样描述自己的业绩,可以试一试下面这个简单的方法:先将目前负责的主要业务列一个表,然后向前类推,把你在每个工作岗位上负责过的业务罗列出来。完成这一步后,再加入量化的业绩,比如,在"接管销售成绩欠佳的地区,制定了新的顾客服务程序和市场推广方案"的后面加上"在两年内使市场份额由原来的4.8%上升到6.5%"。

在描述业绩时,很多求职者都会犯数学错误,这会使他的简历大打折扣。例如,一个生产主管在简历中写到他使退货率下降了200%,而忘记了没有什么东西的下降幅度会超过99.99%。实际上,他是使退货率从6%减少到2%,准确的下降率是67%,这也是一个很大的业绩了。又如,一个人力资源经理说他使员工流失率下降了3%,实际上是流失率由8%减少到5%,下降率应该是38%,而不是3%。

无论在简历中还是在面试中,量化的业绩对你是非常有利的。因此,从现在开始就要学会将自己的工作成绩进行量化。这样,当你准备更换工作的时候,你不仅可以向招聘人员展示你的工作业绩,而且拥有说明自己能力的最有力武器——数据。

自信但不自夸,充分准确地表达你的才能即可,不可过分浮夸,华而不实。

适当表达对招聘单位的关注及兴趣。这会引起招聘人注意和好感,同时可以请求面试机会。

写简历前先决定你的求职方向。你可以通过专业测评机构,也可以通过其他方式,在投递简历前先决定你的求职方向。

择业前一定要花点时间了解自己,找出自己的优势及弱点,确定自己的职业方向。然后要选择目标企业及职位,了解目标企业及职位需求情况,了解市场行情。切不可不考虑自身特点,不考察企业情况,盲目模仿他人的简历和择业目标。

"人靠衣装,佛靠金装。"简历对一个求职者来说重要性是不言而喻的。确切地说,只要获得面试的机会,投递简历就算成功了。

3. 写简历的两要素

第一,简历的内容要尽可能详尽、具体。使部门主管仅通过简历就能了解到你干过什么,你具有哪方面的能力,你所拥有的素质是否是他们所需要的。有些学生不明白这一点的重要性，把简历写得如同论文的大纲，使自己在无形中就处在竞争的弱势地位。如果做过销售，就不要简单地写从事过销售工作，而是要具体写清所从事的是食品业还是电子产品，完成了怎样的销售成绩，为公司带来了多少利润，如何击败竞争对手。如果做过公关策划，也要详细地罗列活动的内容和影响。很多人力资源的主管感兴趣的并不是你有多少证书，你的社会活动有多丰富，他们看重的是你所从事过的工作是不是公司所需要的。

第二，尽量避免把简历写得平淡无奇。换句话说，不要千篇一律。要知道，人事主管常常会同时面对几百甚至几千份简历。很多学生因为求职过程的劳心劳力而对其敷衍了事。面对不同的公司、不同的岗位，永远只投递一份简历，这样的简历是最不受招聘单位欢迎的。如果能针对不同的公司表达不同的了解和兴趣，让别人感到你的诚意和坦白，毋庸赘言，你的简历一定会自然而然地鹤立鸡群。

4. 如何让你的网上简历更"抢眼"

据统计，规模较大的企业一般每周要接收 500～1000 份电子简历，其中的 80% 在管理者浏览不到 30 秒后就被删除了。要让别人在半分钟内通过一份 E-mail 对你产生兴趣，其难度与跟用人单位直接见面相比难得多，关键在于你是否拥有一份个性化的电子简历。

放大你的"卖点"。

简历中有几栏是用来给对方留下深刻印象的，也是决定对方是否给你面试机会的关键，如何写好这几部分的内容很重要，可以从以下几个方面着手。

（1）成绩。以你的骄人业绩去打动未来的雇主。突出你的技能和成绩，强化支持标题。集中对能力进行细节描写，运用数字、百分比或时间等量化手段加以强化。强调动作，避免使用人称代词，如"我""我们"等。

（2）能力。对各方面能力加以归纳和汇总，扬长避短，以你无可争议的工作能力和个人魅力征服未来的雇主。用词应简单明确，观点鲜明，引人入胜。

（3）工作经历。应当包括你所有的工作历史，无论是有偿的还是无偿的，全职的还是兼职的。在保证真实性的前提下，尽量扩充与丰富你的工作经历，但用词必须简练，不要只针对工作本身，业绩和成果更为重要。

（4）技能。列出所有与求职有关的技能，你将有机会向雇主展现你的学历和工作经历以外的天赋与才华。回顾以往取得的成绩，对自己从中获得的体会与经验加以总结、归纳。你的选择标准只有一个，即这一项能否给你的求职带来帮助。

（5）嘉奖。简历中的大部分内容是经历和成绩的主观记录，而荣誉和嘉奖将赋予它们实实在在的客观性。这是一个令雇主注意到你已获肯定的成绩的机会。强调此奖项是你资历的重要证明，突出此嘉奖与你所求职务的相关性。

（6）职业生涯。着重强调你在相关行业中所获得的特殊专业技能和取得的成就。在提及你的技能与成就时应越具体越好。此栏专门针对一些具体职业，需要说明你所在的具体行业。

扣人心弦的"开场白"。

求职成功最基本的就是要对自己有一个客观全面的了解,然后根据自身情况准备好所需材料,一般包括求职信和简历。求职信是简历的"开场白"。这个开场白的功能是激发别人有兴趣阅读下文。为了使公司了解你申请的是哪个职位,并对你有更深的印象,发简历的时候,都应该写一封求职信并同时发出。发任何简历都应该写求职信,这是被许多求职者忽略的原则。

求职信和简历都应该用文本格式(txt)来写,这样虽然会限制一些文本修饰功能,如粗体、斜体等,你可以用一些符号来突出重点,如"+""-"等;注意措辞和语言,信中千万不可有错别字;求职信和简历要一同发送,不要分开;信中有关键词也是很重要的,有些公司会通过关键词搜索来寻找符合它们条件的人选;在你的电子邮件软件里创建并保存一个求职信样式,这样稍加修改你就可以用它来申请其他的职位。

网上简历必须注意一些特殊的需要。

有的放矢。人力资源部门总是收到许多不合格的简历,也就是说,不适合该公司职位的简历。因此,在发简历的时候,你应该注明申请的是何职位,并应该了解你能否胜任这个工作。

不用附件。虽然以附件形式发送的简历看起来效果更好,但是由于病毒的威胁,越来越多公司都要求求职者不要用附件发送简历,甚至有些公司把所有带附件的邮件全部删除。在这种情况下,尽管你的简历排版极为精心,却可能根本没有人看。在电子简历中一般不要附有发表作品或论文,因为借由电子邮件附件传播病毒的可能性是一直存在的。另外,用人单位一般不会仔细阅读附带的作品。

美化"纯文本"。不少人事管理者抱怨收到的许多简历在格式上都很糟糕。用 E-mail 发出的简历在格式上应该简洁明了,重点突出,因为公司通常只看它们最感兴趣的部分。另外,还有一个好办法就是把你制作精美的简历放到网上,再把网址告诉给公司即可。

精心设计一下纯文本格式的简历,以下有一些小技巧可供参考:①注意设定页边距,使文本的宽度在 16 厘米左右,这样你的简历在多数情况下看起来都不会换行;②尽量用较大字号的字体;③如果你一定要使自己的简历看起来与众不同,你可以用一些特殊符号等分隔简历内容。

最大限度地抢夺眼球。

网上求职时主要精力应该放在拥有人才数据库的招聘网站上,要把你的简历放到它们的数据库中。因为用人单位会来这些网站浏览或找人。总的来说,应该让用人单位带着明确的目的来找你,这要胜过自己向大量公司无目的地发放个人简历。

在申请同一公司的不同职位时,最好能发两封不同的电子简历,因为有些求职网站的数据库软件能自动过滤第二封信件，以免造成冗余。

在你发送电子简历时要错过高峰期，上网高峰一般在中午至午夜，这段时间传递速度非常慢，而且会出现错误信息，因此，要择机而动。

5. 如何实现简历投递效用最大化

你需要去寻找各种渠道，了解更多信息，以便你可以抓住合适的机会。但是，这并不表示你要没有目标地胡乱投递。明明学的是管理，偏要去投递高技术类的工作；明明只达到助理的水平，看见有主管的职位，想也不想就去投了；明明想做文职，偏去投递销售类的职位；还有，在同一个公司投了不同岗位性质和职级的两三个职位，像这样的情况举不胜举。这种没有目标性地胡乱投递，哪怕你的网撒得再大，你也是在做无用功，不会有真正的实效。

首先，你要明确你想做哪类工作，根据需要撰写完相应的简历。其次，通过招聘会、招聘类报纸和招聘网站寻找相应的职位。在这个过程中，有以下两点最为关键。

其一，学会去分析公司。目前的整个人才市场，相对来说也是鱼龙混杂的，好的公司不少，但也不乏对你的职业成长根本不利的皮包公司。看到中意的公司，不妨先通过网络、人脉了解一下该公司背景、经营情况、企业文化、有无负面报道等。如果各方面显示都还不错，那你就要仔细去阅读它们的职位描述。

其二，找到自我能力和企业需求的结合点。分析一下，这个职位主要的工作职责，它们对这个职位的基本要求，你达到它们的条件了吗？你怎样在给这家公司的简历中，突出它们的需求点？记住，千万不要用同一份简历去投递所有公司，也不要每天只花十分钟就浏览好所有招聘类网站的新职位，并完成投递。不经过分析思考的盲目行为，是你的简历投递无效的最主要原因。

二、面试技巧

（一）何谓面试

面试是由主试人与应试者当面交谈，或要求应试者现场操作以考查其综合素质与能力的一种方式，它较笔试有更大的灵活性，普遍运用于大学生就业活动中，是大学生应聘过程中的关键一步。用人单位通过面试，考查应试者的专业水平、综合素质、实际工作能力、应变能力、协调能力以及人品、性格等。这是当前招聘单位广泛采用的遴选人才的主要方式。

1. 面试的类型

主试组型。由聘方多人组成面试组，如分管人事的负责人或企业中人力资源部经理、业务部经理以及将来会与你共事的同事等。当应试者进入面试室时，主试组成员根据预先准备好的问题，逐一发问，对应试者业务素质、行为风格、人格特质等进行考核。

个别面试型。这种面试类型，顾名思义即主试方和应试者都是"一对一"，它通常被主试方使用于第一轮面试中。有时其目的不是找出谁是希望中的员工，而是为了剔除一些素质相对较差的应试者。

小组面试型。这种类型的面试，主试方和应试者双方都是多个，即由数个主试人组成主试组，从不同角度轮流对一个应试者提问，其后要求别的应试者对同样的问题依次进行回答。如主试人在某位应试者回答问题后，突然向其他应试者发问：对刚才某某的回答，其他的人有什么看法？这种类型的面试能使主试组在同一情景中，对所有应试者进行权衡和比较，从而做出有利的选择。

小组讨论型。由一定数目的应试者组成一个临时的工作小组，讨论聘用单位给定的问题并做出决策。在小组讨论型面试中，主试方要么不给应试者指定特别的角色，要么只是给每个应试者指定一个彼此平等的角色。这两种方式都没有指定谁是领导，也不告诉应试者该坐哪个位置，而是让所有应试者自行组织、自行安排，主试人只是通过所安排的讨论题目，观察应试者的表现，给应试者的各方面评分，从而对应试者的素质水平、能力做出判断。这种类型的面试目的就是考核应试者的领导能力、组织协调能力、口头表达能力、洞察力、说服力、处理人际关系的技巧，等等。

综合型。招聘方通过多种方式，综合考查应试者多方面的才能。这些考核方式包括在公众面前的演讲、辩论、小组讨论、实际操作等，如某公司就"入世对中国中小企业的影响利大于弊"为题，以"4对4"的辩论形式来考核。再如，另一公司的"画图说话"，即事先设定一些题目，让应试者用随机抽到的题目为主题画成图画，再用外语解释意思。目的是考查应试者的适应能力以及应试者在一个全新的毫无准备的情境中处理问题的能力。

2. 面试的内容

面试的类型尽管各种各样，面试风格也可能因主试方的需要或个人偏好而有所不同，但是一个典型的结构化的面试一般都会包含以下四个组成部分。

（1）自我介绍。这是应试者与主试人建立互动关系的第一步。在2~3分钟的简短陈述中，主试人将会对应试者的精神面貌、表达方式、对工作的渴望态度等进行初步判断，从而形成至关重要的第一印象。

（2）背景陈述。这个方面主试人将重点考核应试者是否具备与未来工作要求相符合的基本能力。主要问题有：为何选择本组织作为职业生涯的起点？职业目标是什么？以往的求职经历及从中得到什么？未来五年的职业发展计划？个人的优点与不足？所学专业论文发表情况？国际国内研究的前沿动态？等等，问题的核心其实就是"我们为什么要雇用你"。

（3）交流讨论。这是任何一种面试过程中最关键的部分。主试人是在把应试者的资质与职业兴趣同可以提供的工作职位进行有机对应。讨论的内容可能是你未来工作中会遇到的难题,也可能讨论貌似与工作无关的宏观性战略问题,等等。很明显,如果没有对工作职位的充分了解,没有对用人单位惯用的思维方式、表达方式的熟悉,是较难回答好这两类问题的。

(4)结束阶段。一般来说,主试人会利用面试最后的一点时间对该组织再进行简要的介绍,同时回答应试者仍不太清楚的一些问题,并说明你将在何时取得面试结果。

3. 面试准备

"凡事预则立,不预则废",机遇往往偏爱有心人。因此,参加择业应试,首先要做好参加面试的充分准备。

面试的"硬件"准备如下。

(1)精心准备若干份毕业生推荐表或自荐材料,表上最好贴上自己的照片。

(2)准备好与求职相关的证明材料,如各科考试成绩表,各种竞赛、奖学金、荣誉称号获奖证书,普通话、外语、计算机等级水平证书,辅修专业证书,各种创作、科研成果证书等。

面试的"软件"准备如下。

(1)认真梳理自己所学的专业知识系统。

(2)尽量详细地了解用人单位的情况,如工作性质、业务范围、行业发展前景等,同时检查自己是否具备相应条件,尽量做到知己知彼。

(3)向有关教师、同学请教面试的一般过程和技巧,或与同学、朋友进行模拟面试,听取他人的意见。

(4)保持良好的心理状态。第一次面试求职,心理紧张是必然的。眼见周围强者如林,前来应聘的竞争对手个个气度不凡,越发使自己产生一种自卑心理,这对面试是很不利的。为此,首先要从心理上战胜自己,相信每个人都有各自的长处和短处。只有战胜自己的过分紧张,才能在面试时大方、真诚、坦然应对,从而让自己思维敏捷,谈吐、举止得体,扬长避短,更好地展示自己的长处。其次,是对理想职位的期望不能太高,如果期望太高,而事情的结果往往和预想的产生差距。而且理想职位期望值越高,有可能使自己面试的心理压力更大。过度的紧张容易破坏人的心理平衡,使人思维混乱、反应迟钝而发挥失常,导致面试的失败;相反,确定适度的求职期望值而向最好的方向去努力,往往有可能使自己如愿以偿。

面试的着装准备如下。在择业求职中,着装、仪表的作用非常重要。得体的着装、端庄的仪表不仅能体现一个人的审美观,而且能反映出人的内在素质和修养。得体的着装和良好的仪表会给主试人留下一个好印象,也为你的择业求职奠定一个好基础。不同性别的毕业生,着装要求是有差异的。

(二) 面试技巧

1. 聆听的技巧

全神贯注,切莫分心。听人讲话应设法抛开令你分心的一切,你可以用两眼直视讲话者、赞许性地点头等,表明你在认真倾听,有些时候即使你的坐姿也能起到这种作用。你如果举止得体,彬彬有礼,便表明你对对方的话很感兴趣。

尊重他人,甘当听者。要集中精力认真"倾听"对方的话,要听清和正确理解对方的一字一句,不但要听出"话中话",还要听出"弦外之音",这样才能做出敏捷的反应。涉世之初,大多数人都误以为成功的社交主要取决于个人的口才,其实并不全然如此。

适时插话,有所反应。同主试人谈话时适时插话,表明你不但在注意倾听,而且饶有兴趣,以使主试人不致因说话无反应而对你感到"兴味索然"。的确,大家都有这种体验:跟毫无反应的人谈话,好比朝挂断的电话大声吼叫,你很快就会感到自己太愚蠢而作罢。

察言观色,提高敏感度。在面试过程中,很多主试人所道并非肺腑之言,他们的真实想法往往隐藏起来,所以,我们在听话时,就需要刻意琢磨对方话中的微妙感情,细细咀嚼品味,以便厘清其真正意图。

2. 语言陈述的艺术

语言要文雅、简洁明了、通俗易懂。不要为了显示自己而故意用华丽、奇特的辞藻。急于显示你的妙语惊人,可能会造成华而不实的感觉。表达时应注意口齿伶俐清楚,发音正确,应尽量使用普通话。但如果你认为自己的普通话不太熟练,而且主试人也没有专门要求,你就可以不必勉强自己,就用最熟悉的语言,但要注意避免使用方言中的一些俚语,切忌将蹩脚的普通话和方言混用。

要注意控制语速和语调。讲话速度太快会显得紧张和急躁,太慢会让人觉得你思维反应迟钝。一般情况下,语速在每分钟 120 个字左右,同时注意语句间的停顿,不要滔滔不绝。语调是表达人真实感情的重要元素。语调可以表现出人的性格、好恶、喜怒哀乐等复杂感情。因此,在面试时控制好自己的语速、语调,对营造良好的面试氛围,取得面试的成功起着积极作用。

注意使用礼貌语言。不要随意打断主试人的谈话或抢接人家的话头,以免打乱主试人的思路;不要忽略使用解释或概括的话语,否则也许会给人造成你语言表达能力欠佳或逻辑思维较差的印象;不要因为自己的注意力的分散,要求人家再次重复话题,如果实在没有听清楚,也应客气且委婉地表示:"很抱歉,能否请您再重复一遍";不要随便解释某种现象,轻率下结论;不要不适当地强调某些与主题不相关的细枝末节,以免使人厌倦。

3. 应答的技巧

答话,从信息论的观点来看,是对提问的反馈。但是,一个有口才的人绝不是问什么，就答什么，也绝不是怎样问，就怎样答。他总是力图改变自己的被动局面，力图答得好、答得妙。

敢于推销自己。要有足够的信心和强烈的表现欲，切忌扮演"牙膏"角色，问一句，答一句，甚至问几句都答不上一句。要知道在这种时候的沉默、发怵、畏缩、矜持、腼腆、嗫嚅、窘促等心理状态和外在表现，都可能使你失去就业机会。同时，还要注意不要低估自己。有的人对自己的特长、优点不敢讲，对经过努力可以做到的事不敢表态，对于个人的愿望不敢阐述和表达。他们担心，如若把自己说得很好，到了实际工作中，干不出成绩怎么办？其实这种顾虑是多余的，是缺乏社会经验、缺乏择业常识造成的。如果在表露自己的时候，讲不出自己有什么优点，反而讲了一大堆这也不会那也不能的套话，就会使用人单位感到你能力有限。

善于扬长补短。每个人都有自己的长处和不足，无论是在性格上、专业上都是如此。例如，性格外向的人往往容易给人留下热情活泼、思维敏捷，但有时显得急躁、行事欠稳重的印象，这类性格的人在面试时要注意克服自己的弱点，讲话的节奏要适当放慢，语言组织得当，从而给人见多识广的良好印象；性格内向的人则容易给人留下深沉有余、反应迟钝的印象，在面试时，这类性格的人要力争早发言，或就某一问题展开话题，以弥补"不善言谈"的感觉。

表述缺点注意态度和方法。"人非圣贤，孰能无过？"但作为求职面试，用人单位更关心的还是你的优点。当然，作为求职者，谁也不会想通过坦陈自己的缺点来寻找理想的职业岗位。正因为这一点，在没有得到主考官提示的情况下，就不必去主动陈述自己的缺点。如果对方没有问到而主动说的话，可能会越描越黑。如果对方问到，那就如实回答。诚实是最重要的。我们可以坦率地回答自己的弱项，同时把它转换成一种好的东西，就是坏事变好事的转换。比如，"我在那件事上做得不是很成功，但是我从里面学到了以下几个方面的经验和教训，它对我今后的工作有积极的指导意义。由于这次失败，我能够在以后的几件事情里，做得非常成功"。

注意主试人对应试者应聘动机的考查。例如，主试人会对面试者提出如"你为什么选择我们公司"之类的问题，应试者在回答此类问题时，一定要认真思考后再回答。最好能结合公司的管理和发展情况进行回答。如果只是简单地将原因归纳为"待遇高"或者"离家近"等，势必会影响面试的效果。如主试人问："依你现在的水平，恐怕能找到比我们企业更好的公司吧？"如果你的回答是肯定的，则说明你这个人"身在曹营心在汉"；如果你的回答是否定的，则又说明你的能力有问题或自信心不足，总是左右为难；而如果回答"我不知道"或"我不清楚"，也不甚妥当。当你遇到这种任何一种答案都不是很理想的考题时，就要善于用模糊语言来应答。可以先用"不可一概而论"作为开头，接着从正反两方面来解释你的观点。像上面这个考题可以这样回答："或许我能找到比贵公司更好的企业，但别的企业或许在对人才培养方面不如贵公司重视，机会也不如贵公司多；或许我找不到更好的企业，我想，珍惜已有的最为重要。"这样回答，就把一个"模糊"的答案抛给了考官，让他领略到你的高明和"厉害"。

沉着应对主试人的故意刁难。主试人在面试时，有时会故意刁难应试者。特别是对于管理或销售等职位的应试者，这种刁难可能更是经常发生。刁难应试者主要是为了考查应试者的应变能力。对此，应该沉着应对，对于实在难以回答的问题，可以直截了当地讲明原因，或者以一些幽默的方式应付过去。如果你面对刁难的问题而不知所措，这恰恰说明了你的应变能力较差。

以诚为本。诚实是一种可贵的品质，没有哪个公司愿意雇用不诚实的员工。在面试时，有些应试者为了给主试人留下一个好印象，会在回答提问时有意隐瞒事实或编造谎言，让自己显得更加完美。这是一种得不偿失的做法，主试人很容易识破这些小伎俩。比如，在五大洲和30多个国家有170多家分店的宜家（IKEA），该企业在招聘中，"诚"是最被看中的品质。"一旦发现应试者有欺骗行为，他就会立即被CANCEL。"宜家北京商场人才资源经理张忠民说，宜家最不能容忍的就是不诚实，不管你多有经验、多有能力，道不同不相为谋。显然，诚实是宜家最要紧的"道"。

避免回答过于简短。主试人向应试者提问是为了进一步了解应试者的各方面情况，如果应试者的回答过于简短，则会妨碍主试人对应试者的了解。主试人的提问一般没有标准答案，所以应试者可以根据自己的情况进行一些发挥，或者将话题引导到自己的特长方面。如果回答过于简短，甚至比主试人的提问还要短，仅限于呆板的一问一答方式，有时会让面试陷入僵局，显得非常尴尬。如果主试人不是非常健谈的人，应试者就应该主动营造融洽的气氛，使面试在融洽愉快的氛围中进行，给双方都留下一个良好的印象。

通过提问以显示自己的能力。在主试人向应试者提问的间隔或末尾，应试者应该大胆地向主试人提问。主试人一般比较欢迎这样的提问，至少它显示了应试者对公司及面试的关注及主动性。另外，当面试气氛紧张时，应试者也可以通过提问来缓和面试的气氛。应试者可以对任何自己关心的问题进行提问，当然，最好能限制在招聘所涉及的问题之内。漫无边际地提问会影响整个面试的进度。应当注意的是，最好不要提出让主试人"介绍介绍公司情况"之类很泛泛的问题，公司一般有相应的介绍材料和招聘材料，自己阅读即可。如果你能提出一些比较好的问题，方能体现出自身的能力。尤其要小心的是，无论应聘什么工作，在尚无把握对方是否会录用你时，如果问一些与工作无关的问题是一个严重错误。对主试人来说，重要的是通过面试找到合适的人选。其思路是，先选定用谁，再谈条件。据此，应试者应把提问重点放在雇主的需要及你如何满足这些需要上。针对这一点，通过提问的方式进行自我推销是十分有效的。但要注意这些问题必须满足以下条件：紧扣工作任务、职责。为此，应试者可以询问诸如工作所涉及责任和面临的挑战，在这一职位上应取得什么样的成果，该职位与所属部门的关系，职位代表性的任务是什么等。总之，要注意提问应以主试人为主，不能喧宾夺主。以下是六个与工作相关的示范问题：我的主要责任；第一份工作项目是什么；我应具备何种基本技能方能胜任这项工作；我会接受何种培训；参加培训对个人有何要求；做这项工作会获得怎样的提升机会。

不失时机地显示潜能。面试的时间通常很短，应试者不可能把自己的全部才能展示出来，因此要抓住一切时机，巧妙地显示潜能。例如，竞聘会计职位的应试者，可以将正在参加计算机专业业余学习的情况"漫不经心"地讲出来，使对方认为你不仅能熟练掌握会计业务，而且有发展会计业务的潜力；竞聘秘书工作的应试者可以借主试人的提问，把自己的名字、地址、电话等简单资料写在准备好的纸上，顺手递上去，以显示自己写得一手漂亮的字。但注意显示潜能要实事求是，简短、自然、巧妙，否则也会弄巧成拙。

谨慎回答时政问题。有时主试人会提一些时政问题，借以了解应试者在这方面的知识。也可能你对主试人的问题一无所知，应试者只需诚实地回答"不知道"即可。不懂装懂会降低应试者的诚实度。如果应试者偏激地发表一些对当前时政不合适的观点与看法，则可能使应试者的面试前功尽弃。因为没有哪个公司希望自己的员工在政治上存在问题。

（三）面试成功的思考

当用人单位突然通知你："你被录用了。"此时，你是说干就干还是三思而后行呢？你最应该考虑的是什么呢？

1. 是否喜欢这份工作

这份工作是否值得你用人生中一半的清醒时间为之效力？这个问题只有你自己才能回答。如果要考虑的是工作本身的价值，你不妨问问：这份工作能加强我将来更好地推销自我的技能吗？它能否提供转变职业的机会？这份工作能长久地吸引我的注意力吗？这份工作是否能使我充分施展天分、技能和能力？这份工作能使我产生一种享受的感觉吗？这份工作是否能"产生很大的不同"？我在意这份工作吗？对于工作该怎么做，我有机会做重大决定吗？对于决策者来说，我是不是一个他们"看得见"的人？这份工作是否可以通往更美好的未来？

2. 选择是否明智

摒弃个人在薪资上的挑剔，从情感的角度来看，这是不是一家你能与之同生共老的公司？或至少是不是一家你离开时会心存感念的公司？当你在考虑你也许会加盟的公司是什么类型的时候，问问自己以下问题：公司的文化与我的个性相符吗？公司有发展的余地吗？公司的政策有明文规定吗？我能接受这些政策吗？公司在竞争激烈的市场中生存与发展处于优势吗？公司是否为员工着想？解雇员工的政策又是怎样的？公司的产业是在壮大还是萎缩？我是否能感受到它在发展中带来的朝气？

3. 薪酬是否符合自己的实际需要

不论钱多钱少，人们可以同样地幸福。不过，对大多数人来说，要想手里有钱就必须干有报酬的工作，也只有这样才能满足自己对一系列物质和精神的需求。工作报酬包括基本资金、非固定的报酬（如奖金）以及间接的酬金（诸如，医疗保险这样的雇员福利）。除了考虑一个具体的数，你可以想一想：我得到的基本工资是否与我本人的基本市价一致？不定额的报酬——奖金、佣金、股票是否有其真正的价值？雇员福利好在哪里？医疗保险怎样（我支付的百分比有多少，我能否选择保险项目）？退休金如何？公司是否供车？假期时间多长？病假日期几天？还有没有其他福利？加薪的根据是什么？

你确信认真回答了上述问题后，你就可以决定是选择工作或改变工作，否则，稀里糊涂的决定可能又错失一次好的工作机会。

【案例】

亲历世界500强企业面试

时间：2010年12月某日

地点：SMC（中国）有限公司第二工厂

参加面试的学生：来自北京交通大学、北京航空航天大学、北方工业大学等学校的50余名大学毕业生

参加面试的考官：来自公司人事科、制造科的相关人员

面试安排：

1. 公司人事科的有关负责人介绍公司制度、企业文化、发展历程、用人理念、职业发展等方面的情况；

2. 前来面试的大学生参观SMC世界一流的现代化设备；

3. 人事科、制造科有关负责人共同对学生进行面试，分组进行；

4. 进行专业知识方面的笔试。

学生篇之一

参加面试要坦率也要真实

围绕着小会议桌坐了十来个人，有三个是企业的考官，其他都是来面试的学生。而整个气氛并不紧张，大家更像一种轻松的交流。在主考官正对面的一个大眼睛男孩不时发言，他嗓音清亮，其他人不断投去目光，仿佛在羡慕——他怎么一点儿不紧张啊？他叫李飞，北京交通大学市场营销专业。

"考官你好，我要说明一件事。"李飞说，"我的简历里有个错别字，是我最初没注意也没检查匆忙就交了。"这个错别字在一个不太起眼的地方，考官并没有看出来。

面试结束后，他谈了自己参加面试的一些想法和感受。"错别字的问题我觉得还是说出来好。"他解释道，其实错误自己都知道了，如果非要别人来指出就被动了，况且参加面试就要坦率和真实。

为准备面试，他做了三个版本的简历，又按照不同公司、不同行业做了十几份有针对性的简历。最初，自己也有点儿盲目，后来听了几次讲座，再加上自己有了实战经验，觉得简历还是非常重要的。

出错的简历是第一版的，他当时十分懊悔——如果因为一个错别字而失去了一个很好的求职机会不是太可惜了吗？最近，他在一页纸内把自己的奖励和经过、经验全部容纳，简单而全面，这第三版的简历被自己命名为最新完美版。在此基础上，他也专门针对一些公司制作了简历，比如腾讯公司、夏新公司。

之所以对简历一丝不苟，他认为，好的简历是获得面试机会的最初途径。李飞十分喜欢腾讯公司，他的第一次面试"处女面"就赶上腾讯。可令自己懊丧的是，第一次的确有点紧张，该说的没说，不该说的都说了。一个同学已经和腾讯签协议了，自己却没有得到答复。

"我很喜欢SMC的面试感觉。"李飞说，"大家一起聊，还可以讨论一些问题，又交了朋友。恐怕没有人喜欢单独的面试，如果气氛不好，很像监狱审犯人，所以，还是开放式好，本身也像座谈。"

李飞已经投了100多份简历，参加了十几次面试。他在SMC的面试中发挥是很好的，这是自己喜欢的公司之一。李飞再次强调，参加面试就要坦率和真实，最重要就是心态的问题，心态好，面试就成功一半了。

学生篇之二

面试时我该说什么呀

在另一个大点的会议室，大约有20位同学等待面试的来临。一个身穿西服的男生几乎问遍了别人怎么打领带，结果没一个人能给他帮这个忙。他看一位同学领带没有打好就把自己的让给了他，可是他自己也不会打。

在会议室的一边有个女生不声不响地坐着等待。这位叫娟子的同学是第一次参加企业的面试，正在琢磨自己如何应对。

"面试时，我该说点什么呢？"有点腼腆的娟子说话时眼神里流露着一丝紧张。她也曾经多次向面试的同学求教，可他们的经历也太邪乎了。

有个同学去一个中国台湾的企业面试，人家一上来就说，"你不行，你分数太低，我们不要你"。那个同学并没有放弃，还是把自己的情况给说明了，并说了一些自己做的事以证明能力。后来才知道，企业就是给你点挫折激怒你，看你的反应和应变能力。"我的同学就看着人家说，一直看着，最后人家冷冰冰的脸上终于有了笑意。我猜想合资企业看的更多的是心理方面。"

娟子承认自己是个内向的人，学的也是自动化专业，不善于与人打交道。面试就像是过关一样。她也投了十几份简历，但得到回信的并不多。

还有些同学有这样的经历，在面试时人家问他会不会什么软件，明明不会可他一定说会，是怕失去继续面试的资格。反正离毕业还有一段时间，还有机会学习和弥补。"真是不知道自己该怎么办！"娟子说，"我是比较内向的人，自己不会也不敢说自己会，可如果真是因此失去了机会也心不甘。"

刚才参观了工厂，因为在学校里也有大的车间，这并不陌生。只是一个人一个岗位，可以感觉到工作很紧凑，大家很忙碌，还有整个厂区很干净，管理也很好。我喜欢这样的条理性，自己感觉也能像其他工人一样负好责任。

但直到她被叫到面试的那刻，娟子仍然在担心，面试时我该说什么呀？

企业篇之一

定位和心态要与企业吻合

——SMC（中国）有限公司人事科副科长傅秀芝

每个企业选人的标准各有不同，我们是制造业生产型。作为一个年轻的企业，发展速度又很快，就需要大量大学生加盟。我们欢迎的是大学中比较优秀的学生干部，他们学业优秀、心态积极、素质高、适应力强又有团队精神，善于与人合作，踏实肯干。这样对企业、对个人的成长都有好处。1998年入职的大学毕业生现在已经是公司的生产骨干了。

公司2010年生产形势很好，员工数量一年就净增了1300人，是前十年人数的总和。2001年时公司才十几名员工，2006年时才七八十名员工，之后人员数量的发展基本上是每年翻番，到2010年年底，公司有1400名员工。

目前，公司有本科生500名，公司规定所有的入职员工都要到生产线上工作，研究生也不例外。企业不可能让一些本科生和研究生干普通工人所干的工作，只是让新员工对企业的情况有最真实的了解，为今后从事的工作奠定坚实的实践基础。

今天面试的基本流程是：同学们进来后，给大家一个宽松展示自己的环境。采用有问有答的形式，主要看他们的兴趣点和特长在哪里，与企业的岗位是否适合。还有互动型的，让他们觉得没有压力的情况下，以平时的真实流露。

一些人可能会紧张些，但也不能说他适应能力比较差。我们认为，每个人都是人才，主要看要在适合的岗位上发挥他们的才干。所以，我们不认为，害羞的人和不善于表达的人在企业中没有适合的岗位。发现他们的长处，在企业有空缺时，我们就会选择他做适当的工作。

如果一个毕业生在方方面面都很优秀，但就是不能融入我们的团队里来，我们也不见得录用。一些人表述能力差，我们更能发现他的潜力，当他的定位和心态与企业相吻合的时候，我们仍会考虑。

我们的面试由不同的部门协同完成，由公司人事部门把关的是，一个大学生的整体水平，在学校和生活中的心态，考查他的基本专业能力。作为生产部门，还要看他的专业理论水平是适应车间的工作环境呢，还是考虑问题的方法、关注点，最后，我们再共同考查。

很多人认为自己是大学生了，很了不得了，经常提出需要什么样的待遇、职位、工作环境等。其实，一个不能适应社会环境的人，一定成功得很慢。一个职业新人不太可能向企业提太多条件，就像企业不能跟社会提条件一样，不能是我的客户适应我的产品，而是我的产品要满足社会的需要。我们必须要改进，社会对于产品的需要，我们需要做什么样的工作，也有个适应的过程。这个定位是最初最重要的一项。

企业篇之二

侃侃而谈也要实实在在

——SMC（中国）有限公司第二工厂制造科李有林

企业都不太喜欢侃侃而谈的人，工作嘛总要去做，不能总去说。在表达时，要语言清晰、条理很好，该讲什么不该讲什么胸中有数，说话自然，表达上语言流畅就可以了。

大学生获得了什么样的学习方法和做事方法是企业面试的重要考查内容。谈吐是考查学生的一个方面，语言表达能力、综合素质、与人交流和沟通的能力是企业中进行团队合作的基础。另外，学习的情况我们也关心，比如在班级和系里面的排名位置，奖学金获得情况。再就是看在学校里从事过的社会活动，以及反应能力、灵活性等。

今年经过我面试的有将近200人，如果根据岗位来选人，专业则以机械制造和工业控制自动化、工业电机自动化为主。我们是日资企业，特别需要既懂日语又懂专业的人，而这方面的人才，北京少而东北比较多。我们发现，在北京大家似乎不太爱从事制造业这个行业，而愿意从事营销和与外面接触比较多的岗位，希望留在生产一线的则数量很少。

此外，在面试时，你是什么样的人就真实展示，你性格是内向还是外向是掩饰不住的，所以要真实展示。让人家看到你，不要做太多修饰，有时越掩饰反而适得其反，因为企业需要的是做事的人。

为了增加学生对企业的进一步了解，SMC已经决定安排一些学生到工厂里实习一周。了解企业、参观企业、感受企业，所有不明白的地方在一周之内有个彻底的了解——工作场所是什么，工作条件、工作待遇福利和个人的发展机会都能彻底了解。

职场生涯小资料：

在这个越来越以技术为中心的世界里，职位的进阶需要什么？带着这个问题，一些CEO、CIO、老板和猎头，特别为你总结了10条创造和利用职业机会的规则。

1. 业务第一，技术第二

保险集团 Chubb 公司的 CIO June Drewry 说："企业中没有'IT 项目'，只有具有 IT 组成部分的业务项目。"IT 员工中介公司 Sapphire Technologies 应用开发高级经理 Ray Howell 说："取得职业成功最重要的规则是：如果想沿企业职务阶梯上升，就必须首先像业务人员那样思考，然后再像技术人员那样思考。"Howell 说："技术人员必须从业务角度审视 IT 项目。在讨论技术项目的会议上，能够设身处地为财务和销售人员着想，从他们的角度看问题，这会更快速地找到解决办法。"

2. 主动承担更多工作

一种做更多工作的办法是自愿承担计划外的项目，然后出色地完成它们。Sunil Misra 说，他的第一次重大突破出现在自愿在加班时间内负责测试公司文档管理/CAD 软件。Misra 说："这让我被高管层注意到，还让我接触到了完全不同的一群人，就是最终用户测试员。在我当时的职位上，是没有机会与他们接触的。此后，我被要求承担公司下一个产品套件的项目管理工作。"Misra 现在是阿姆斯特丹信息与通信技术公司 Getronics 的咨询服务副总裁。

3. 不推卸责任

承担大量新项目，最终可能有某个项目完全被弄砸了。宽幅图像设备经销商 Charette 公司的 CEO Jack Ford 说："在发生这种事时，必须承担责任而不是互相推诿。"Ford 说："我需要的是不仅愿意承担项目，而且愿意在失败时勇于承担责任的人。在 IT 界，如果项目没有成功或没有按期完成，很容易解释成因为经营人员、销售人员或外部供应商不合作。但是最好说：'我知道项目没有完成，但是我们在哪里跌倒就从哪里爬起来'。"

4. 大胆说出不同意见

老板们总是提升有领导能力的人。Mark Stevens 说，领导能力的一个重要方面就是坚持己见，并知道如何表达它们，无论自己的看法触犯了什么人。Stevens 是全球营销公司 MSCO 公司的 CEO。Stevens 说："许多人害怕，如果他们表达了自己的真实看法，就会受到压制，但大多数情况下正好相反。通过坚持原则，不怕得罪人，激励人们跟着你继续干下去。要敢为天下先。"

5. 开发杀手级应用

MSCO 的 Stevens 说："如果你可以在一个对于公司的未来至关重要的项目中成为关键先生，那么这就是可以让你取得成功的'杀手应用'了。"Stevens 建议："找到一件对你的公司十分重要的事情，并成为处理这件事的最佳人选。"这里有一个隐藏的危险。如果你的专业知识给人留下过于技术化的印象，你所做的一切只是加强了人们对你是个技术怪才的印象。不过，技术怪才也有生存空间，它应该适用于对你的公司业务战略至关重要的东西。

6. 保持领先

你的技术等级可以让你高人一等，但前提是它们不会落伍。不要放过任何涉及新兴技术（例如，SOA、协作应用或数据仓库）的培训机会。职业中介公司 K－Force 的技术人员副总裁 David Bair 说："你必须保持领先。过时的技能会成为技术职业生涯道路上最致命的缺陷之一。"如果你的公司不提供先进技术的培训，那就自己花钱去学习。Bair 说："如果现在花 2000 元参加培训，就意味着未来工资会增加 20000 元，这就是非常好的投资回报。"

7. 知识储备

教育不该止步于技术技能。商业课程和专业证书可能在远期带来更为丰厚的回报。Sierra Club 公司 IT 经理 Dave Simon 说，帮助推动他职业发展的因素之一是成为注册会计师（CPA）。而他是在老板的鼓励下才获得这个证书的。Simon 说："获得 CPA 证书带来了丰厚的收益，它给了我商业知识和更多直线管理（Line Management）的可信度。我不再只被视为技术人员。"

Sapphire 公司的 Howell 说，他目前自掏腰包参加 Worcester 综合技术学院举办的高科技 MBA 学习。Howell 说："我不断努力鞭策自己，使自己全面发展。"

8. 建立绩效档案

到了考核绩效的时候，很多 IT 专业人员发现自己无话可讲。K－Force 的 Bair 说："我们常常发现技术专家身上最缺乏的一样东西是交流他们为公司取得成功的能力。"怎样解决这个问题？方法是建立记录你所取得成就的书面档案，以后在合适的时候可以将该档案交给你的上司。这个档案可以像你附在简历上的成绩清单那样正规，也可以像手写的笔记那样简单。

9. 培养接班人

纽约 Christian & Timber 公司 CIO 招聘项目的负责人 Groce 说："技术人员常常不愿意引进新的人才，害怕他们以后会去竞争顶级职位。"有更好的策略吗？答案是，"指导和培养可以接替你职位的人"，让你可以晋升到更高的级别。Groce 补充说："技术领导人在这方面的能力比较差。他们害怕培养下一代领导人可能会让别人在晋升名单上超过自己。"K－Force 的 Bair 说："雇用优秀人才将为你在高管层那里挣得更多分数。最终，你将赢得伯乐的名声，从而让你变得更加不可或缺。"

10. 洁身自好

Chubb 公司的 Drewry 说："从长远的角度来看，讨好上司并不可行。"这种讨好迟早会让上司感到讨厌，尤其他们一旦注意到从这位员工那里得到的只是讨好，而没有其他任何东西的时候。"另外，Drewry 强调向上管理（Managing Up）的重要性。"这意味着了解上司所想、他的优势与弱点、他感兴趣的东西，然后教育他了解你可以为实现企业目标做些什么。"

拥有 20 亿美元资产的招聘与员工中介公司 Spherion 的高级副总裁 Brendan Courtney 说："内部政治始终影响到谁将得到升迁，假装超脱并不是一种有效的策略。"外包咨询机构 Equa Terra 公司的客户经理 David Zink 说："到了紧要关头，一定要拿出自己的勇气。我坚持一个原则：就是做正确的事情，不去做在政治上显得正确的事情。面对你的同事甚至上司需要勇气，但这让你更容易看清自己。"

资料来源：智联招聘网

第四章　民族地区高校大学生创业指导

中共十八届三中全会明确提出，要做好以高校毕业生为重点的青年就业工作，健全促进就业创业服务体系，并要求结合产业升级，开发更多适合高校毕业生的就业岗位，这表明中央已经把健全大学生就业质量体系作为推进国家治理体系和治理能力现代化的一个重要组成部分。少数民族大学生的贫困面大，少数民族聚居区的经济社会发展滞后，吸纳就业能力有限，评价少数民族大学生的就业质量的指标体系亟待健全。少数民族大学生是少数民族族群中的知识分子和精英，是民族地区投入经济增长的人力资本要素。少数民族大学生的成功就业推动着民族地区新型工业化、信息化、城镇化和农业现代化进程，牵动着一个个农牧民家庭。

面对巨大的就业压力，大学生必须从进入大学校园的那一刻起就意识到就业形势，并不断为之努力。大学生在校期间除了要掌握一定的专业知识，具有一定的技能技巧外，还需要提前制订一个目标明确、科学缜密、操作性强的个人计划。在制订计划时，不仅要有总的自我设计目标，还要有阶段性的目标。在执行过程中，应根据外界变化适时做出调整，把握先机，为就业做好充分准备。此外，还必须把握选择主动权，树立健康的就业认识和就业心理准备。只有这样，大学生才能主动去了解社会、认识社会，增强自身再就业时的竞争实力，立于不败之地。

第一节　创业训练

2012年3月16日，教育部根据《国家中长期教育改革和发展规划纲要》，正式下发了《关于全面提高高等教育质量的若干意见》（以下简称《若干意见》）。可以说，《若干意见》是当前指导我国高等教育改革发展的最新和最权威的纲领性文件。《若干意见》共30条，其中第9条明确提出，要"加强创新创业教育和就业指导服务。把创新创业教育贯穿人才培养全过程。制订高校创新创业教育教学基本要求，开发创新创业类课程，纳入学分管理"。同时，还要求大力开展创新创业师资培养培训，支持学生开展创新创业训练，完善国家、地方、高校三级项目资助体系，建立健全高校毕业生就业信息服务平台。

在上述背景下，可以理解，创新创业教育在很大程度上影响着学生的就业状况，而就业又很大程度地体现一所高校的教育质量。深入探讨创新创业教育与专业教学课程相融合建设的思路与途径，提升教学实践中的教学效果和质量，改善教师在教学中的方法和手段运用，对于贯彻落实《若干意见》，进一步提高高等教育质量，具有重要意义。

一、认识创业的实质

创业是一个发现和捕捉机会并由此不断创造某些有价值的新事物，以期实现其商业利润的过程。其中，两个最基本的核心要素是"创新"和"价值实现"。尽管创业是一个相对较长且需要创业者不断努力的过程，并且需要承担各方面的风险，包括财务的、技术的、市场的、精神的以及社会环境的等。但是，风险也是衡量潜在收益的有效标准，创业成功意味着相应的物质回报以及对个人效用的最大满足。

当你有了自己创业的想法时，你应该仔细想一下，自己为什么要创业？也就是需要思索创业的动机与原因。明确了自己创业的动因，并且经分析认定自己的创业动因是正确的，那么，将有利于你在创业的过程中树立信心、坚定信念，能够克服创业中的困难，最终取得创业的成功。

关于创业原因，搜狐创始人张朝阳说："重视自我，自我内心的感受重于一切，这是我创业的根本原因。在麻省理工学院博士毕业后，当时最热门的是到华尔街做分析员，待遇优厚。但我来自中国，这样我有了自己的第一份工作。内心告诉我，我应该尽快地发挥自己的特长，做麻省与中国关系的官员。当我感觉到自己的事业在中国时，我回国了；当看到机遇时，我感觉我应该创业了。"

二、创业的挑战

为了创业，不少大学生宁愿放弃宝贵的学习机会或学业，尽管各级政府也在为大学生创业鼓励与呼吁，事与愿违的是大学生创业成功者少，失败者众。专家分析认为，大学生创业面临五道坎，难以逾越。

一是创新坎。现在学生创业失败的多，一个重要原因就是忽视技术创新。学生创业一定要具备四个条件：其一，有自主知识产权的创造发明；其二，这一发明能转化为有市场前景的产品；其三，这一产品要有预期的销路；其四，要有可靠的资金提供者。有没有自主知识产权成为大学生创业能否成功的首要条件。

二是知识坎。在创业计划大赛中，评委已发现许多创业者无法把自己的创意准确而清晰地表达出来，缺少个性化的信息传递，一些计划甚至不知所云。对目标市场和竞争对手情况缺乏了解，分析时所采用的数据经不起推敲，没有说服力。相当多的计划书价格取向不明确，没有指明计划会给用户和市场创造什么样的价值，或用户为什么会购买他们的产品和服务，以及企业将如何盈利和保证正常运营。这些无一不反映出大学生在创业方面知识的匮乏。

三是资金坎。为多家学生公司提供管理和投资咨询的远卓公司董事郑立新曾指出，学生创业吸引投资存在三个误区。首先，是急于得到资金，给小钱让大股份，贱卖技术或创意。有不少核心技术拥有者在公司运营一段时间后，对当初的投资协议深感不满并提出毁约。而这样做的后果只能是在资本市场上臭名昭著。其次，即便投资人不能提供增值性服务和指导，仍与其捆绑在一起。最后，对风险投资不负责任地使用，烧别人的钱圆自己的梦。每一轮融资中的投资者都将影响后续融资的可行性和价值评估。因此，对于尚处早期的创业公司来说，应引入一些真正有实力、能提供增值性服务、与创业者理念统一的投资者，哪怕这意味着暂时放弃一些眼前的利益。

四是心态坎。盲目创业，是学生创业的"通病"。学生创业首先要有"风险意识"，要能承受住风险和失败。其次要有责任感，对公司、员工、投资者都必须有责任感。最后要有务实精神，踏实做事。

五是经验坎。大学生的理想与抱负是有的，但"眼高手低"，在创业过程中除了能"纸上谈兵"之外，对具体的市场开拓缺乏经验与相关的知识。经验不足，缺乏从职业角度整合资源、实行管理的能力，是大学生创业失败的一个重要原因。

大学生并非创业的强势群体，却是创业队伍的生力军，为支持大学生创业，国家各级政府出台了许多优惠政策，涉及融资、开业、税收、创业培训、创业指导等诸多方面。对打算创业的大学生来说，了解这些政策，才能走好创业的第一步。

三、创业核心要素

创业者们一般都认为创业一定要冒极大的风险。的确，在高科技和一些新兴领域，创业失败率较高。事实上，对于大多数创业者而言，并不存在很多危言耸听的风险，但是，又为什么会有许多创业失败者呢？德鲁克认为："事实上，因为少数所谓的'创业家'的无知，缺乏管理方法、违反管理规律，从而给创业精神的发挥蒙上风险的色彩，高技术创业家尤其如此。"❶ 现代风险资本的奠基人——乔治·多里奥认为："宁可考虑向有二流主

---

❶ 彼得·德鲁克. 创业精神与创新 [M]. 北京：工人出版社，1989.

意的一流人物投资，绝不向有一流主意的二流人物投资。"❶ 确实，不是一个拥有技术的科学家或工程师就能创业成功。创业，不仅需要好的技术，更需要其他素质与能力。因此，创业者的素质与能力是创业成功的第一要素。

第二节　民族地区高校大学生创业准备

少数民族大学生有创业热情，但由于就业观念陈旧、经验欠缺、能力不足、意识偏差等原因，导致创业成功率明显偏低。

一、应具备的硬件

（一）积累经验

长期待在校园里，大学生对社会缺乏了解，特别是在市场开拓、企业运营上，很容易陷入眼高手低、纸上谈兵的误区。因此，大学生创业前要做好充分准备：一方面，去企业打工或实习积累相关的管理和营销经验；另一方面，积极参加创业培训，积累创业知识，接受专业指导，提高创业成功率。

（二）准备资金

一项调查显示，有四成大学生认为"资金是创业的最大困难"。因此，大学生要开拓思路，多渠道融资，除了银行贷款、自筹资金、民间借贷等传统途径外，还可充分利用风险投资、创业基金等融资渠道。

（三）掌握技术

用智力换资本，这是大学生创业的特色之路。一些风险投资家往往就因为看中大学生所掌握的先进技术，而愿意对其创业计划进行资助。因此，打算在高科技领域创业的大学生，一定要注意技术创新，开发具有自主独立知识产权的产品，吸引投资商。

（四）锻炼能力

大学生由于长期接受应试教育，不熟悉经营"游戏规则"，技术上出类拔萃，理财、营销、沟通、管理方面的能力普遍不足。要想创业获得成功，创业者必须技术、经营两手抓，建议可从合伙创业、家庭创业或低成本的虚拟店铺开始，锻炼创业能力。

---

❶ 文岗. 创业管理人 [M]. 北京：石油工业出版社，2000.

(五) 学习法律

法律应成为大学生创业过程必备的知识。只有懂法、守法，并依据法律保护自己的合法权益，才能确保大学生们的创业行动稳健与长久。

二、创业准备

大学生创业需要做好以下四项准备。

第一，要对个人的创业条件进行分析，制订自己的职业生涯计划。同时，看自己是否具备未来的老板气质和心理素质。

第二，要做好市场调查和分析，准确掌握市场信息，做好市场预测，建立经营思路，设计市场进入策略。

第三，要学会理财，对经营项目的投资、筹资、成本、收益等做出可信的测算，学会常用的财务管理知识。

第四，了解创业政策。

2010年，财政部、国家税务总局发布的《关于支持和促进就业有关税收政策的通知》中明确规定，大学毕业生在毕业所在自然年自主创业，从事个体经营（除建筑业、娱乐业以及销售不动产、转让土地使用权、广告业、房屋中介、桑拿、按摩、网吧、氧吧外）的，在三年内按每户每年8000元为限额依次扣减其当年实际应缴纳的营业税、城市维护建设税、教育费附加和个人所得税。此政策从2011年开始执行，截至2013年年底，目前仍在有效期内。

2013年，实施高等学历教育的普通高等学校、成人高等学校毕业生，如果在本年度内自主创业，就能够赶上这趟减免税收优惠政策的"末班车"。记者致电市地税局12366纳税服务热线，相关工作人员告诉记者，申请这一优惠政策的大学毕业生在办理营业执照后，就可以携带相关材料到个体经营落户所在地的地税分局办理。

除了这趟"末班车"。大学生若自主创办小微型企业，还可以享受到国家对小微型企业目前实施的企业所得税优惠政策。根据财政部、国家税务总局《关于小型微型企业所得税优惠政策有关问题的通知》规定，自2012年1月1日至2015年12月31日，对年应纳税所得额低于6万元（含6万元）的小型微型企业，其所得减按50%计入应纳税所得额，按20%的税率缴纳企业所得税。

资料来源：大学生创业网，2013-07-02

第三节 创业计划书的撰写

对初创的风险企业来说，创业计划书的作用尤为重要，一个酝酿中的项目，往往很模糊，通过制订创业计划书，把正反理由都书写下来，而后再逐条推敲。这样创业者就能对这一项目有更清晰的认识。可以这样说，创业计划书首先是把计划中要创立的企业推销给了创业者自己。其次，是创业计划书还能帮助把计划中的风险企业推销给风险投资家。公司创业计划书的主要目的之一就是筹集资金。

一、创业计划书撰写的准备

（一）要考虑的问题

（1）创办企业的目的——为什么要冒风险，花精力、时间、资源、资金去创办风险企业？

（2）创办企业需要多少资金？为什么要这么多钱？为什么投资人值得为此注入资金？对已建的风险企业来说，创业计划书可以为企业的发展定下比较具体的方向和重点，从而使员工了解企业的经营目标，并激励他们为共同的目标而努力。更重要的是，它可以使企业的出资者以及供应商、销售商等了解企业的经营状况和经营目标，说服出资者（原有的或新来的）为企业的进一步发展提供资金。

正是基于上述理由，创业计划书将是创业者所写的商业文件中最主要的一个。那么，如何制订创业计划书呢？

（二）怎样写好创业计划书

那些既不能给投资者以充分的信息也不能使投资者激动起来的创业计划书，最终结果只能被扔进垃圾箱里。为了确保创业计划书能"击中目标"，创业者应做到以下几点。

1. 关注产品

在创业计划书中，应提供所有与企业的产品或服务有关的细节，包括企业所实施的所有调查。这些问题包括：产品正处于什么样的发展阶段？它的独特性怎样？企业分销产品的方法是什么？谁会使用企业的产品，为什么？产品的生产成本是多少，售价是多少？企业发展新的现代化产品的计划是什么？把出资者拉到企业的产品或服务中来，这样出资者就会和创业者一样对产品有兴趣。在创业计划书中，企业家应尽量用简单的词语描述每件事——商品及其属性的定义对企业家来说是非常明确的，但其他人却不一定清楚它们的含义。制订创业计划书的目的不仅是要出资者相信企业的产品会在世界上产生革命性的影响，同时也要使他们相信企业有证明它的论据。创业计划书对产品的阐述，要让出资者感到："噢，这种产品是多么美妙、多么令人鼓舞啊！"

2. 敢于竞争

在创业计划书中，创业者应细致分析竞争对手的情况。竞争对手都有谁？他们的产品是如何制作的？竞争对手的产品与本企业的产品相比，有哪些相同点和不同点？竞争对手所采用的营销策略是什么？要明确每个竞争者的销售额、毛利润、收入以及市场份额，然后再讨论本企业相对每个竞争者所具有的竞争优势，要向投资者展示顾客偏爱本企业的原因，如本企业的产品质量好、送货迅速、定位适中、价格合适等。创业计划书要使它的读者相信，本企业不仅是行业中的有力竞争者，而且将来还会是确定行业标准的领先者。在创业计划书中，企业家还应阐明竞争者给本企业带来的风险以及本企业所采取的对策。

3. 了解市场

创业计划书要给投资者提供企业对目标市场的深入分析和理解。要细致分析经济、地理、职业以及心理等因素对消费者选择购买本企业产品这一行为的影响以及各个因素所起的作用。创业计划书中还应包括一个主要的营销计划，计划中应列出本企业打算开展广告、促销以及公共关系活动的地区，明确每一项活动的预算和收益。创业计划书中还应简述企业的销售战略：企业是使用外面的销售代表还是使用内部职员，企业是使用转卖商、分销商还是特许商，企业将提供何种类型的销售培训。此外，创业计划书还应特别关注销售中的细节问题。

4. 表明行动的方针

企业的行动计划应该是无懈可击的。创业计划书中应明确下列问题：企业如何把产品推向市场？如何设计生产线，如何组装产品？企业生产需要哪些原料？企业拥有哪些生产资源，还需要什么生产资源？生产和设备的成本是多少？企业是买设备还是租设备？解释与产品组装、储存以及发送有关的固定成本和变动成本的情况。

5. 展示你的管理队伍

把一个思想转化为一个成功的风险企业，其关键的因素就是要有一支强有力的管理队伍。这支队伍的成员必须有较高的专业技术知识、管理才能和多年工作经验，要给投资者这样一种感觉："看，这支队伍里都有谁！如果这个公司是一支足球队的话，他们就会一直杀入世界杯决赛！"管理者的职能就是计划、组织、控制和指导公司实现目标的行动。在创业计划书中，应首先描述一下整个管理队伍及其职责，其次，再分别介绍每位管理人员的特殊才能、特点和造诣，细致描述每个管理者将对公司所做的贡献。创业计划书中还应明确管理目标以及组织结构图。

6. 出色的计划摘要

创业计划书中的计划摘要也十分重要，它必须能让读者有兴趣并渴望得到更多信息，它将给读者留下长久的印象。计划摘要将是创业者所写的最后一部分内容，但却是出资者首先要看的内容，它将从计划中摘录出与筹集资金最相关的细节，包括对公司内部的基本情况、公司的能力以及局限性、公司的竞争对手、营销和财务战略、公司的管理队伍等情况简明而生动地概括。如果公司是一本书，它就像这本书的封面，做得好就可以把投资者吸引住。带给风险投资家这样的印象：";这个公司将会成为行业中的巨人，我已等不及要去读计划的其余部分了。";

二、创业计划书的内容

（一）计划摘要

计划摘要列在创业计划书的最前面，它是浓缩了创业计划书的精华。计划摘要涵盖了计划的要点，要一目了然，以便读者能在最短时间内评审计划并做出判断。

计划摘要一般包括以下内容：公司介绍；主要产品和业务范围；市场概貌；营销策略；销售计划；生产管理计划；管理者及其组织；财务计划；资金需求状况等。

在介绍企业时，首先，要说明创办新企业的思路、新思想的形成过程以及企业的目标和发展战略。其次，要交代企业现状、背景和企业的经营范围。在这一部分中，要对企业以往的情况做客观评述，不回避失误。中肯的分析往往更能赢得信任，从而使人容易认同企业的创业计划书。最后，还要介绍一下创业者自己的背景、经历、经验和特长等。企业家的素质对企业的成绩往往起关键性的作用。在这里，企业家应尽量突出自己的优点并表示自己强烈的进取精神，以给投资者留下一个好印象。

在计划摘要中，企业还必须回答下列问题：企业所处的行业，企业经营的性质和范围；企业主要产品的内容；企业的市场在哪里，谁是企业的顾客，他们有哪些需求；企业的合伙人、投资人是谁；企业的竞争对手是谁，竞争对手对企业的发展有何影响。

摘要要尽量简明、生动，特别要详细说明自身企业的不同之处以及企业获取成功的市场因素。如果企业家了解他所做的事情，摘要仅需两页纸就足够了。如果企业家不了解自己正在做什么，摘要就可能要写 20 页纸以上。因此，有些投资家就依照摘要的长短来";把麦粒从谷壳中挑出来";。

（二）产品（服务）介绍

在进行投资项目评估时，投资人最关心的问题之一就是风险企业的产品、技术或服务能否以及在多大程度上解决现实生活中的问题，或者风险企业的产品（服务）能否帮助顾客节约开支，增加收入。因此，产品介绍是创业计划书中不可或缺的一项内容。通常，产品介绍应包括以下内容：产品的概念、性能及特性；主要产品的介绍；产品的市场竞争力；产品的研究和开发过程；发展新产品的计划和成本分析；产品的市场前景预测；产品的品牌和专利。

在产品（服务）介绍部分，企业家要对产品（服务）做出详细说明，说明要准确，也要通俗易懂，使不是专业人员的投资者也能明白。一般来说，产品介绍都要附上产品原型、照片或其他介绍，必须回答以下问题：顾客希望企业的产品能解决什么问题，顾客能从企业的产品中获得什么好处；企业的产品与竞争对手的产品相比有哪些优缺点，顾客为什么会选择本企业的产品；企业为自己的产品采取了何种保护措施，企业拥有哪些专利、许可证，或与已申请专利的厂家达成了哪些协议；为什么企业的产品定价可以使企业产生足够的利润，为什么用户会大批量地购买企业的产品；企业采用何种方式去改进产品的质量、性能，企业对发展新产品有哪些计划等。产品（服务）介绍的内容比较具体，因而写起来相对容易。虽然夸赞自己的产品是推销所必需的，但应该注意，企业所做的每一项承诺都是"一笔债"，都要努力去兑现。要牢记，企业家和投资家所建立的是一种长期合作伙伴关系，空口许诺只能得意于一时。如果企业不能兑现承诺，不能偿还债务，企业的信誉必然要受到极大的损害，因而是真正的企业家所不屑的。

（三）人员及组织结构

有了产品之后，创业者第二步要做的就是结成一支有战斗力的管理队伍。企业管理的好坏，直接决定着企业经营风险的大小。而高素质的管理人员和良好的组织结构则是管理好企业的重要保证。因此，风险投资家会特别注重对管理队伍的评估。

企业的管理人员应该是互补型的，而且要具有团队精神。一个企业必须具备负责产品设计与开发、市场营销、生产作业管理、企业理财等方面的专门人才。在创业计划书中，必须要对主要管理人员加以阐明，介绍他们所具有的能力、他们在本企业中的职务和责任，以及他们过去的详细经历及背景。此外，在这部分创业计划书中，还应对公司结构做简要介绍，包括：公司的组织机构图；各部门的功能与责任；各部门的负责人及主要成员；公司的报酬体系；公司的股东名单，包括股权、比例和特权；公司的董事会成员及各位董事的背景资料。

（四）市场预测

当企业要开发一种新产品或向新的市场扩展时，要进行市场预测。如果预测的结果并不乐观，或者预测的可信度让人怀疑，那么投资者就要承担更大风险，这对多数风险投资家来说都是不可接受的。市场预测首先要对需求进行预测：市场是否存在对这种产品的需求；需求程度是否可以给企业带来所期望的利益；新的市场规模有多大；需求发展的未来趋向及其状态如何；影响需求都有哪些因素。其次，要对市场竞争的情况——企业所面对的竞争格局进行分析：市场中主要的竞争者有哪些；是否存在有利于本企业产品的市场空档；本企业预计的市场占有率是多少；本企业进入市场会引起竞争者怎样的反应，这些反应对企业会有什么影响。

在创业计划书中，市场预测应包括以下内容：市场现状综述；竞争厂商概览；目标顾客和目标市场；本企业产品的市场地位；市场区隔和特征等。风险企业对市场的预测应建立在严密、科学的市场调查基础上。风险企业所面对的市场，本来就有变幻不定、难以捉摸的特点。因此，风险企业应尽量扩大收集信息的范围，重视对环境的预测，采用科学的预测手段和方法。创业者应牢记的是，市场预测不是凭空想象，对市场错误的认识是企业经营失败的最主要原因之一。

（五）营销策略

营销是企业经营中最富挑战性的环节。

影响营销策略的主要因素有：消费者的特点；产品的特性；企业自身的状况；市场环境方面的因素。最终影响营销策略的则是营销成本和营销效益因素。

在创业计划书中，营销策略应包括以下内容：市场机构和营销渠道的选择；营销队伍和管理；促销计划和广告策略；价格决策。对于创业企业来说，由于产品和企业的知名度低，很难进入其他企业已经稳定的销售渠道中去。因此，企业不得不暂时采取高成本低效益的营销战略，如上门推销，大打商品广告，向批发商和零售商让利，或交给任何愿意经销的企业销售。对发展企业来说，它一方面可以利用原来的销售渠道，另一方面也可以开发新的销售渠道以适应企业的发展。

（六）制造计划

创业计划书中的生产制造计划应包括以下内容：产品制造和技术设备现状；新产品投产计划；技术提升和设备更新的要求；质量控制和质量改进计划。

在寻求资金的过程中，为了增大企业在投资前的评估价值，创业者应尽量使生产制造计划更加详细、可靠。一般来说，生产制造计划应回答以下问题：企业生产制造所需的厂房、设备情况如何；怎样保证新产品在进入规模生产时的稳定性和可靠性；设备的引进和安装情况，谁是供应商；生产线的设计与产品组装是怎样的；供货者的前置期和资源的需求量；生产周期标准的制定以及生产作业计划的编制；物料需求计划及其保障措施；质量控制的方法是怎样的；相关的其他问题。

（七）财务规划

财务规划需要花费较多精力来做具体分析，其中就包括现金流量表、资产负债表以及损益表的制备。流动资金是企业的生命线，因此企业在初创或扩张时，对流动资金需要有预先周详的计划和进行过程中的严格控制；损益表反映的是企业的盈利状况，它是企业在一段时间运作后的经营结果；资产负债表则反映在某一时刻的企业状况，投资者可以用资产负债表中的数据得到的比率指标来衡量企业的经营状况以及可能的投资回报率。

财务规划一般包括以下内容：创业计划书的条件假设；预计的资产负债表；预计的损益表；现金收支分析；资金的来源和使用。

可以这样说，一份创业计划书概括地提出了在筹资过程中创业者需要做的事情，而财务规划则是对创业计划书的支持和说明。因此，一份好的财务规划对评估风险企业所需的资金数量，提高风险企业取得资金的可能性是十分关键的。如果财务规划准备不好，会给投资者以企业管理人员缺乏经验的印象，降低风险企业的评估价值，同时也会增加企业的经营风险，那么如何制订好财务规划呢？这首先要取决于风险企业的远景规划——是为一个新市场创造一个新产品，还是进入一个财务信息较多的已有市场。

着眼于一项新技术或创新产品的创业企业不可能参考现有市场的数据、价格和营销方式。因此，它要自己预测所进入市场的成长速度和可能获得的纯利，并把它的设想、管理队伍和财务模型推销给投资者。而准备进入一个已有市场的风险企业则可以很容易地说明整个市场的规模和改进方式。风险企业可以在获得目标市场信息的基础上，对企业头一年的销售规模进行规划。

企业的财务规划应保证和创业计划书的假设相一致。事实上，财务规划和企业的生产计划、人力资源计划、营销计划等都是密不可分的。

要完成财务规划，必须明确下列问题：产品在每一个期间的发出量有多大；什么时候开始产品线扩张；每件产品的生产费用是多少；每件产品的定价是多少；使用什么分销渠道，所预期的成本和利润是多少；需要雇用哪几种类型的人；雇用何时开始，工资预算是多少等。

三、创业计划书的核实检查

在创业计划书写完之后，创业者最好再对计划书检查一遍，看一下该计划书是否能准确回答投资者的提问，争取投资者对本企业的信心。通常，可以从以下几个方面对计划书加以检查。

你的创业计划书是否显示出你具有管理公司的经验。如果你自己缺乏能力去管理公司，那么一定要明确地说明，你已经雇了一位经营大师来管理你的公司。

你的创业计划书是否显示了你有能力偿还借款。要保证给预期的投资者提供一份完整的比率分析。

你的创业计划书是否显示出你已进行过完整的市场分析。要让投资者坚信你在计划书中阐明的产品需求量是正确的。

你的创业计划书是否容易被投资者所领会。创业计划书应该备有索引和目录，以便投资者可以较容易地查阅各个章节。此外，还应保证目录中的信息是有逻辑的和现实的。

你的创业计划书中是否有计划摘要并放在了最前面，计划摘要相当于公司创业计划书的封面，投资者首先会看它。为了保持投资者的兴趣，计划摘要应写得引人入胜。

你的创业计划书是否在文法上全部正确。如果你不能保证，那么最好请人帮你检查一下。计划书的拼写错误和排印错误将很快使企业家丧失机会。

你的创业计划书能否打消投资者对产品/服务的疑虑。如果需要，你可以准备一件产品模型。创业计划书中的各个方面都会对筹资的成功与否有影响。因此，如果你对你的创业计划书缺乏成功的信心，那么最好去查阅一下计划书编写指南或向专门的顾问请教。

四、创业计划书应着重说明的问题

风险投资者在审阅你的创业计划书时，他们在寻求什么呢？一般来说，他们关心的要点有两个：一是该公司的点子、产品或服务是否有唯一性；二是该公司的管理团队是否胜任。这就意味着风险投资者首先要分析你的产品的唯一性，而后则要了解关于唯一性产品的投资计划。风险投资者的问题将集中于四个领域，即独特性、管理团队、可预测性和退身之路。

（一）独特性

风险投资第一关心的是对方有何自己的特色。换言之，他们要了解该公司可望获得巨额利润的原因何在。你的公司及产品与其他公司及产品有什么区别；你的公司有什么特点；为什么一切都会成功；在如此多的公司中，为什么你的公司有高增长的潜力。鉴于独特性是风险投资者阅读计划书时第一关心的问题，因而应在计划书的多章中涉及这一问题，在"公司及其未来""产品及服务""市场与营销"和专门的一章"公司优势说明"等章节中集中论述你的诸多独特性。此外，你还应注意分析自己的管理团队在技术、经历等方面上亦有独特的优势。

技术的新颖独特必须以存在足够的市场需求为前提。开发新产品，务必要考虑目标市场客户的消费习惯和理解力。要知道，培育客户使用新产品的时间也许会比风险投资人所能等待的时间还要长，这样又何谈市场的高成长呢？另外，独特性应能使得你的产品在相当长的时间内保有市场，而且不被仿冒。即使是专利产品，其核心技术也有是否可因稍做调整即可改头换面的风险。

（二）管理团队

计划书提出的各项指标管理团队是否有能力完成？也就是说，是否有一个优秀的经营团队来完成一个具有先进性的产品的创业计划，是实现对风险投资者的高额回报的关键。

首先，管理团队必须有经验。关于这一点，风险投资者一般有一种令年轻人遗憾的观点，他们认为，企业家的年龄应在 30～45 岁。低于 30 岁的企业家意味着缺少管理经验和经营一个高速发展公司的必备知识，高于 45 岁则意味着企业家有经验但缺乏动力与雄心壮志。当然，也会有例外。这只是风险投资者的一般性看法。

其次，管理团队应该覆盖公司全部，即不能只集中技术人员，而没有市场经营、财务及行政管理人员，应具备一个使公司正常运转的各主要部门人员的经营团队，或具有完整可行的人力资源计划。如果创业者在人力资源方面关注雇用关键人才，录用互补型人才，录用专业经理人，投资人会认为你具有管理认识和团队精神。

投资人非常注重管理阶层的背景资料，计划书中应详细说明他们的姓名及令人信服的各种资料。同时，还要说明为什么这些百里挑一的企业家能开创如此独特的产品或服务，并由此可获得大量收益。

（三）可预测性

一个良好的计划书涉及的第三个关键课题就是钱，提供有说服力的公司财务增长预测是企业家义不容辞的责任。这种预测不但要条理分明地列出逐年增长的百分率，而且必须与其他有关公司数据作如实的分析对比。每个企业家都应十分注意分析、评估自己的财务预测资料，特别是那些根据自己点子、委托财务公司代为完成财务预测的企业家更需如此。要知道，风险投资者对预测结果是不会轻易相信的，为考核企业家是否理解预测过程、方法及假定前提，风险投资者会提出多种质疑。创业计划书中的财务预测至少要包括投资费用、产品成本、销售收入、损益、现金流量和资产负债等预测表。预测结果不必让人们大喜过望，但也必须打动风险投资者的心。一般来说，开创阶段销售增长率为 50%～100% 乃正常现象，销售增长率为 25% 乃下限数据。因而这样的预测不容易打动投资人的心。

（四）退身之路

无论投资之最后结局如何，风险投资者都会十分关心这一问题，很明显，如果投资效果不好，他们也想收回投资；即使投资效果很好，他们也不想在你公司长时间拥有产权，迟早他们要退出你的公司。每一个风险投资者的既定目标都是要把原投资变为可周转的银行现金。因此，在你的计划书中，必须明确指出他们的退身之路。

主要的退身之路有：

（1）公司股票上市。这样，风险资本公司可将自己拥有的该公司股权公开出售而实现现金的回收。

（2）股权转让。公司整体出售。即包括风险投资资本公司的权益同时出售给有关公司，通常为大公司。

第四节　创业成功

一、创业成功的秘诀

（一）上进心

更在乎舞台和自我表现机会的年轻人，为国家、为民族富强把职业变成事业的人容易创业成功。

（二）具备学习能力

要乐于接受新知识并勤于学习。科技飞速发展的今天，知识更新越来越快，不会学习者就是文盲。

（三）智慧加经验

要有对事物的敏感性，能预见结果，具备一眼看到底的透彻力（此种能力更是智慧加经验）。

（四）自知之明

最重要的是要有自知之明，不要自视过高，要时时清醒地意识到公司及个人所处的位置，知不足而后改之。年轻人总有点儿自视过高，不能清醒评价自己，也不能充分领略别人的精彩之处，这种人往往不易进步。

（五）善于总结

年轻人悟性要强，要善于总结。犯错误并不可怕，可怕的是在同一个地方因同一原因摔倒第二次。

二、不适合创业的性格特征

并不是所有都具备创业素质，究竟哪些人不适合创业？社会心理学家认为以下几类人不适合创业。

（1）缺少职业意识的人。职业意识是人们对所从事职业的认同感，它可以最大限度地激发人的活力和创造力，是敬业的前提，如职业运动员、职业演员等，他们具有较强的职业意识。而有些工薪人员却对所从事的工作缺少职业意识，满足于机械地完成自己分内的工作，缺少进取心、主动性，这与激烈竞争的环境不相宜。

（2）优越感过强的人。自恃才高，我行我素，难以与集体融合。

（3）唯上是从，只会说"是"的人。这种人缺乏独立性、主动性和创造性。若当了经理，也只能因循守旧，难以开展开拓性的工作，对公司发展不利。

（4）偷懒的人。这种人被称作"工资小偷"。他们付出的劳动和工资不相符合，只会发牢骚、闲聊，每天晃来晃去浪费时间，影响他人工作。

（5）片面和傲慢的人。有的人只注意别人的缺点，看不到别人的优点；有的人总喜欢贬低别人，抬高自己，总以为自己是最强者，人格方面存在很大缺陷。

（6）僵化死板的人。做事缺少灵活性，对任何事都只凭经验教条来处理，不肯灵活应对，习惯于将惯例当成金科玉律。

（7）感情用事的人。处理任何事情都要理智，感情用事者往往以感情代替原则，想如何干就如何干，不能用理智自控。

（8）"多嘴多舌"与"固执己见"的人。"多嘴多舌"的人，不管什么事，他们都要插上几句话。"固执己见"的人，从不倾听别人的意见。

（9）胆小怕事，毫无主见，树叶掉下来都怕砸破脑袋的人。这种人宁可因循守旧也不敢尝试革新，遇事推诿，不肯负责，狭隘自私，庸碌畏缩。

（10）患得患失却又容易自满自足的人。稍有收获，欣喜若狂；稍受挫折，一蹶不振，情绪大起大落，极不平衡。

当然，世上万物绝非一成不变。社会心理学家认为，性格是可以改造的，任何一个人完全可以在实践中注意克服性格缺陷，战胜性格弊端，改变性格类型，不断丰富和完善自我。倘若自身有上述十种性格缺陷，但已经踏上创业之路，甚至当上老板或负责人，则需学会重用人才，借助他人智慧来弥补个人不足，以避免失败。

第五节　创业必备的智慧

马云在求学时代是个顽童，从小喜欢替朋友出头打架，成绩让老师很头痛。连马云自己也曾笑言自己小学考重点中学，考了三次没有考上，大学也是考了三次才最终如愿。

不过，多年后能在世界各地演讲时用英文侃侃而谈的马云，却在12岁时就自觉地开始打英语基础。1979年刚改革开放那阵儿，到杭州旅游的外国人多起来，马云一有机会就在西湖边逮着人家开练，这对他日后的发展大有裨益。

在杭州师范学院，马云当选为学生会主席，后来又成为杭州市学联主席。

马云第一次接触互联网是在西雅图。西班牙《国家报》生动地描述了马云当时的心情——"我甚至害怕触摸电脑的按键。我当时想：谁知道这玩意儿多少钱呢？我要是把它弄坏了就赔了。"

对马云有触动的是，他好奇地对朋友说在搜索引擎上输入单词"啤酒"，结果只找到了美国和德国的品牌，当时他就想应该利用互联网帮助中国的公司为世界所熟悉。

就这样，作为"杭州十大杰出青年教师"之一的马云辞了职，借了2000美元，1995年4月开办了"中国黄页"，这是中国第一批网络公司之一。1997年年底，马云和他的团队在北京开发了外经贸部官方站点、网上中国商品交易市场等一系列政府站点。不过由于许多原因，马云于1999年年初决定放弃这些在北京的生意，他拒绝了雅虎、新浪的高薪邀请，决定回到杭州创办一家能为全世界中小企业服务的电子商务站点。

一、高度自信心

每个人都有遇到挫折的时候，但千万不要因为一时受挫，而对自己的能力产生怀疑，进而形成一种压力。当你遇到挫折的时候，应该保持头脑清晰，勇敢面对，不要逃避。冷静地分析整个事件的过程，分析一下是自己本身存在的问题，还是由于外来因素而引起的呢？还是两者皆有呢？假如是自身因素的话，那么自己就应该好好反省一下，为什么会犯这样的错误呢？以后应该怎样做，才能避免同类事件的发生呢？事情已经发生了，不要急于追究责任或是责怪自己，而应该想想事情是否还有挽转的余地呢？要是有的话，应该怎样做才能把损失或伤痛减到最低呢？应该怎样做自己才会感觉舒服一点呢？当你遇到困难的时候，请记住一句话——没有永远的困难，也没有解决不了的困难，只是解决时间的长短而已。困难与人生相比，它只不过是一种颜料，一种为人生增添色彩的颜料而已。当你遇到困难的时候，只要你对自己有信心的话，那什么困难都难不倒你。

1990年12月12日晚上，摩根邀请80位美国金融界大亨聚集在纽约第五大街上的大学俱乐部里，为来自西部的一位年轻人——38岁的钢铁业开拓者史怀博接风。当时的来宾中，有半数以上的人不知道他们会目睹美国工业史上将发生的最重要的一幕。

这些银行家与经纪人，很少见过史怀博，对他的为人也不清楚。但是宴席未散，所有在场的人包括大财神摩根在内，均被史怀博的自信和所提的联合钢铁公司计划所折服，而10亿美元的"婴儿"——美国钢铁公司，也就在这时怀胎了。

史怀博在宴会上发表了非常自信的演说，虽未被记录下来，这在历史上也许是一个遗憾，但是此外，对所有参与宴会者与其所代表的50亿美元资本来说，这次演说产生了如同电流似的力量和影响。宴会结束后，听讲的人依然像着了迷似的，尽管史怀博的演说长达90分钟。事后，摩根把这位演说者引至窗户旁边，两人一起坐在不是很舒适的高椅上，跷着腿，又长谈了一个小时。

史怀博的演说，给摩根带来了这样一种暗示：庞大的卡耐基企业，也可使其归于摩根旗下。史怀博谈到了世界钢铁工业的远景，更新组织以提高效率，从事专业化经营，淘汰不赚钱的工厂，集中力量充实财产，矿物运输的节约，减少浪费，节约行政部门的开支以及争取国外市场等。

此外，他还告诉这些大亨，在他们习以为常的赚钱方式中，有若干错误。他说他们的目的一直在制造垄断，提高价格，因自己的特权而得到剧增的红利。史怀博激愤地指责这种制度。他告诉他的听众说，由于每样东西都要求扩张的时代，由于这种政策的近视，无疑将阻碍市场的扩展。他声称，用降低成本的办法，便会创造不断扩张的市场。依据设计，使钢铁有更多用途，便可把世界贸易的一大部分抢过来。事实上，虽然史怀博当时还不知道什么叫现代化的大生产，但无疑他是这一种新型的经营方式的先驱。

大学俱乐部的宴席散了，摩根回去思索着史怀博预言中的美好愿景，史怀博则回到匹兹堡，去为卡耐基经营钢铁生意。不久事情就接着发生了。摩根花了一周时间消化了史怀博的丰盛的理论之餐。当他自己确信不会发生金融上消化不良的后果时，他邀请会晤史怀博，请他设法说服卡耐基把他的钢铁公司卖给摩根。

一个月后的一天，在一场高尔夫球赛的休息时间，史怀博以在大学俱乐部催眠80位百万富翁的说服力，谈起在舒适的环境中度过退休生活的乐趣以及手里拥有大把的美元任老人在社交中随意挥霍的安逸。卡耐基投降了，他取过一片纸，写上一个数字递给史怀博说："好的，就以这个价钱出售。"

数字将近4亿美元，就这样，美国钢铁公司在史怀博的牵线下成立了。而这一切都是史怀博的自信促成的。当然，史怀博也成了美国钢铁公司的总经理。

二、逆向思维

有一位性情乖戾的老国王，想让位给两个年轻王子中的一个，便授意要这两个年轻人赛马，并规定跑得比较慢的人将得到王位。两个王子都恐怕对方会抑制马速或用卑鄙的手段制胜，便找到一位贤者并向他请教对策。这位贤者只说两句话，然后告诉他们如此便能够公正地进行比赛。究竟贤者说了哪两句话呢？

把问题反过来看，是拓展思考范围的好办法。正是把我们的思考从固化中解放出来的最佳方式。是否适合每位领导者？不妨刻意加以尝试。为了整理思绪，就请任意写下一篇由三个段落组成的文章，并建议诸位尝试如下的做法：假如你是男性，便以女性的立场写作；假如你是女性，则由男性的立场出发。如此这般，至少会出现一些有趣的想法。

三、敢于冒险

一个人若想成就一番事业，或取得卓越的成功，就必须把自己从胆怯和懦弱的思想中解救出来，具备独立自主、敢于冒险的精神。有人说："人生最大的价值就在于冒险，整个生命就是一场冒险,走得最远的人常是愿意去冒险的人。"事实上,冒险不只是一种勇气和魄力,其最重要的意义在于,不论最终的结果是成功还是失败,你从没停止奋斗和拼搏,这种精神是弥足珍贵的。❶

风险与机遇并存,风险与成功同在。如果你想获取财富,赢得成功,最大的秘诀就在于敢于冒险。冒险不是成功的唯一保证,但不冒险绝对与成功无缘。冒险有可能让你倾家荡产、穷困潦倒,但强者还是愿意去尝试。纵观世界富豪们的发家史,冒险是他们不可或缺的特质之一。洛克菲勒也不例外,他以自己的自信、超强的判断力以及少有人及的魄力创建了属于自己的商业帝国。他曾对自己的儿子说:"人生就是不断抵押的过程,为前途我们抵押青春,为幸福我们抵押生命。因为如果你不敢逼近底线,你就输了。为成功我们抵押冒险难道不值得吗?"

1859年,美国的安德鲁—克拉克石油公司公开拍卖股权,其底价是500美元。洛克菲勒和他的合伙人也参与了拍卖。当价格攀升至5万美元时,人们都认为这个价格实在是大大超出了石油公司的价值,于是洛克菲勒的对手们纷纷退出。但洛克菲勒却下定决心买下这家公司,最后以5万美元的价格得到了该公司。当时,石油的开采和出售都是具有很大风险的事业,人们都认为这个年轻人的举动很不明智。但不久以后,洛克菲勒的标准石油公司就控制了美国市场上全部炼制石油的90%。正是石油生意为洛克菲勒的帝国打下了坚实基础。

事后,每每想起那次拍卖现场的情景,洛克菲勒都激动不已。其实,洛克菲勒在竞拍过程中也曾犹疑退缩,但是胜利的决心促使他很快镇定了下来,并告诫自己:"不要畏惧,既然下了决心,就要勇往直前!"事实证明,冒险精神奠定了他的成功之路。

著名经济学家斯通指出:"生命是一个奥秘,它的价值在于探索。因而,生命的唯一养料就是冒险。"是的,生命从本质上来说就是一次探险,如果不能主动迎接风险的挑战,便只能被动地等待风险的降临。

约翰曾经向父亲洛克菲勒借钱去闯荡股市,并为此常常焦虑不安。因为他既想赢,又怕在那个冒险的世界里输,而输掉的钱不是自己的,是从父亲那儿借来的,并且还得支付利息。父亲知道后,乐观地说道:"儿子,借钱并不是一件坏事,它不会让你破产。在我所熟知或认识的富翁中间,只靠自己一点一滴、日积月累挣钱发达的人少之又少,更多的人是因借钱而发财,这其中的道理并不深奥,一块钱的买卖远远比不上一百块钱的买卖赚得多。"

事实上,约翰那种输不起、怕冒险的感受,在洛克菲勒创业之初,乃至较有成就之后,也常常困扰着他,以致每次借款前,洛克菲勒都会在谨慎与冒险之间徘徊,苦苦挣

---

❶ 邢延国. 想成功就要敢于冒险 [M]. 北京:中国纺织出版社,2012.

扎，甚至夜不能眠，躺在床上就开始算计如何偿还欠款。但是，好在每次恐惧失败过后，洛克菲勒总能再次打起精神，去迎接新的挑战。

纵观洛克菲勒的一生，他曾多次冒着极大的风险，欠下巨债，甚至不惜把企业抵押给银行，但最终他还是成功了，创造了令人震惊的成就。这也符合他的性格特征，他曾这样说过："冒险是为了创造好运。如果抵押一块土地就能借得足够的现金，让我独占一块更大的地方，那么我会毫不迟疑地抓住这个机会。"

一个人如果能够掌握这种技巧，从风险的转化和准备上进行谋划，那么风险并不可怕。会冒险的人看似突然做出决定，行人之所不敢行，其实他们大都是做好了充分的准备，理智而从容。在决定一件事情之前，他们会先想到结果，如果失败了会怎样？最大的损失会是什么？如何应对这最坏的结果？

虽然说事业的成功常常属于那些敢于冒险，能够抓住时机的人，但孤注一掷往往会带来灭顶之灾，这一点是尤其需要注意的。

总之，要有敢于冒险的进取精神，要勇于打破常规，才能更好地把握成功的机会。正如洛克菲勒对自己的孩子们所说的那样："你正朝着赢得一场伟大人生前进，这是你一直以来的目标，你需要勇敢，再勇敢。"

第六节　民族地区高校大学生社团锻炼

一、社团及作用

（一）社团、大学生社团

社团是由公众和机构自愿组成，为实现成员共同意愿，按照其章程开展活动的非营利性社会组织。社团又称为社会团体，是指以文化、学术或公益性为主的非政府组织。

《中国大百科全书》教育卷中指出，学生社团是"中等学校和高等学校学生在自愿基础上结成的群众组织。这些社团可打破年级、系科以及学校的界限。团结兴趣爱好相近的同学，发挥他们在某方面的特长，开展有益于学生身心健康的活动"。❶

一般而言，大学生社团具有以下特点。

1. 组织的自发性

大学生社团是在学生自愿结合的基础上自发形成的，它既不是有关组织的安排，也不

---

❶ 胡乔木，姜椿芳，梅益.《中国大百科全书》教育卷［M］. 北京：中国大百科全书出版社，1985.

需要到校外机构申请登记,只要在校内有关部门(一般是校团委)申请备案即可,完全是大学生因共同的观念、兴趣爱好的一致性而自发组成的。它的组建过程也完全是学生主动的、自发的,其成员加入也是主动的、自发的。任何一个学生都可以在学校规章制度允许的范围内发起和组建一个新社团,任何一个学生都可以自主地选择自己想要参加的社团,尽管有些社团招新也有一定的条件,但关键还是看个人的兴趣和志愿。大学生社团的自发性,还表现在活动的内容和形式所呈现的较大的自由度。所以,社团活动对大学生很有吸引力,特别是对低年级学生。

2. 结构的松散性

社团作为一种校园非正式组织,具有结构松散性的特点。大学生加入社团一般只需报名登记就可以,不需要办理像入党、入团、转专业那样较为复杂的手续,也不需要进行严格的组织审查,一般成员也可随时自由退出。同时,社团内部的机构设置也没有固定模式,完全是根据社团的目标和大小由管理成员集体协商决定。正因为其结构的松散性,学生社团对其成员的控制是一种非正式的社会控制。它主要不是靠规章制度和组织机制来制约,而是以群体成员的共同兴趣、相互理解与信任、领导人的威信以及丰富多彩的社团活动来维系。由于学生社团是以校园生活与学习为基础,而且社团种类较多,可选择社团的空间较大,成员的进出也比较容易,这就使大学生社团的组织结构更具松散性。

3. 管理的自主性

由于大学生社团是大学中的"民间"组织,即非正式组织,学校一般只对社团进行宏观管理。至于社团内部的管理完全由社团本身的组织结构来承担,社团的宗旨、活动目标、活动内容的设计与实施以及社团人员和经费的管理等全由社团自主进行。即使学校对社团活动要进行考评,但考评的目的是更好地规范社团活动,激发社团活动的潜力,促进社团健康的发展。社团的指导教师一般只起顾问的作用,他不是社团的领导。所以,社团活动大大不同于课堂教学,它完全由学生说了算。

4. 活动的开放性

参加社团的大学生都是一群有活力、有激情的年轻人,富有想象力,敢为人先,所以他们设计和开展的活动也往往具有个性和丰富性的特点。同一名称的社团,在不同的学校开展的活动往往是不一样的,就是在同一学校,由于社团的负责人不同,其工作思路也有很大的差别。而且,社团的活动尽管也有计划性,但由于管理的民主性,其计划也可以适时调整。只要有人提议并得到决策人员中多数人的支持,此项活动就可以付诸实施。所以,大学生社团活动的开放性也很明显,活动的开放性必然带来活动内容与形式的丰富性。

(二)大学生社团的作用

新时代,新社团。高校社团不仅要给大学生一个锻炼机会,而且要走向社会,让社会了解它们，建立沟通联络的渠道，为高校学习、生活和工作服务建立联系，还要让学校与学校建立联系，学生团体与学生团体建立联系，学生与学生建立联系，社会团体与社会团体建立联系，互补长短。简单地说，大学生社团不再只是象牙塔深处的一个亮点，它要担当的将是象牙塔内外各行各业、各组织机构沟通交流的使者。

1. 帮助大学生成长、成才

随着经济社会的快速发展和素质教育的不断推进，学生的主体意识、参与意识、竞争意识不断增强，促使他们根据自己所学专业和个人的兴趣爱好自愿组织和参加活动，寻找各自的舞台和地位，以求最大限度地锻炼自己，树立正确的社会角色意识，努力成长为符合社会发展、满足社会需求的合格人才。学生这种内在的需求和社团活动的性质、目的、功能是基本吻合的。学生社团作为学校课堂教育的补充和延伸，因为其专业的交叉性、活动的实践性、组织的社会性而具有实践和教育功能，为学生的综合素质的提高提供了有效平台和舞台，调动了学生提高自身素质教育的主动性和积极性。在社团中，学生可以接受多方面的锻炼和培养。社团活动的开展，有利于学生开阔视野，增长知识，培养能力，陶冶情操，促进学生的全面发展。

2. 拓展课外平台，锻炼大学生才干

高校的学生社团，可以使广大学生通过具体的社会实践，锻炼提高他们的动手能力和才干；可以使他们自主地发挥、发展自身的特长和智慧；可以丰富第二课堂的内容，使大学生在课余生活中学有所获；可以增强广大青年学生的团结意识、竞争意识，促使他们茁壮成长。同时，在高校校园里积极开展大学生社团活动，可营造出革命的、正直向上的校园文化氛围，有力地促进高校校园的精神文明建设。

二、参加社团与培养大学生的创新创业能力

大学生社团，由于能给学生营造一个自主学习与集体学习相结合且宽松、自由的学习环境，所以，历来被认为是大学生活动中最富有生命力的组成部分，是组成校园文化的一支主力军。各种各样的社团以其特有的魅力丰富着校园生活，无形中促进大学生综合素质和创新能力的提高。特别是学术类和科技类社团，如邓小平理论、"三农"问题、机械电子、航模、机器人、创业设计等协会。由于这些社团带有明显的"探究"特征，而且基于大学生共同的兴趣，所以在培养大学生创新能力方面起着课堂教学不可替代的作用，具体表现在以下几个方面。

首先，学生社团十分宽松的文化学术环境，为大学生创造力的培养创造了良好的氛围。学生社团是按照自愿的原则组织的，管理也是遵循民主的原则，所以社团活动充满着宽松的学术气氛，学生在其中可以自由表达自己的思想和实践自己的创意。例如，每年一

度的由共青团中央、教育部、全国学联共同主办的"挑战杯"大学生课外科技作品竞赛,都有一大批由各地高校大学生在社团的组织和支持下创造出来的达到一定水平的科技作品。在社团活动的影响下,一批小成果、小发明相继问世,甚至创造出具有国家级或国际级科研成果。

其次,学生社团为大学生提供了一个自主学习的环境和展示个性的平台。人创造力的发展离不开个性的养成和自主探究的空间,社团活动无疑扩大了学生自主学习和探究的空间。通过社团活动的参与,学生可以通过自己广泛的阅读、深入的思考,较系统地钻研某一问题,以求问题的解决。同时,可以通过交流和集体研讨等形式,充分借助同伴的知识、智慧,开拓自己的视野,激发创造的激情,丰富自己创新能力所需要的各种知识和技能。

再次,学生社团还满足了大学生情商开发和创新的心理环境需要。现代科学已经证明,开发人的大脑潜能,必须排除心理障碍。对于大学生来说,心境乐观、心理健康,不但有利于健脑、用脑,更有利于他们创新潜能的开发。我国传统的教育模式是片面地强调书本知识的传授,是一种地道的"应试教育",尤其是在高等教育阶段,专业面过窄,重理论、轻实践,重灌输、轻研讨,忽视了学生的情感教育和综合素质的培养,这直接影响学生的身心健康和情感生活,从而直接导致创新能力的缺乏。而大学生社团活动恰恰能给学生创造宽松的精神环境,减轻心理压力。他们在活动和交往中有高度的心理自由,好奇心、自尊心和自信心得到了满足,有利于其兴趣爱好的培养和发挥,能促进学生的良好情感和完美人格的养成,激发其上进心和求知欲,从而有利于学生创新素质的提高。

最后,学生社团是大学生满足实践训练的需要。实践是检验真理的唯一标准,大学生只有将自己所学的理论知识转化为实践成果,才可能达到提高创新能力的目的。同时,只有在实践中不断进行认真训练、体验,才能更进一步地萌发创造灵感。通过学生社团的实践活动不仅能锻炼学生的社会交往能力,更重要的是通过社会实践、科学研究、科技下乡、技术开发与推广等活动,进一步使学生加深对理论的理解,培养和磨炼坚强的意志和进取精神,激发其求知欲、探索欲。

第五章　民族地区高校大学生就业准备

第一节　民族地区高校大学生求职法律知识准备

面对就业压力，做好职业规划，做个有准备的人至关重要。面对职场风云，保持清醒的头脑，同样不可忽视。知法、懂法、遵守法律的同时也维护了自己的正当权利。少数民族大学生们要利用好法律这把"双刃剑"，为自己的未来生活保驾护航。

准确把握《就业促进法》的内容和精髓，是贯彻实施《就业促进法》的基础和关键。《就业促进法》虽然只有9章69条，但涉及面广，内容丰富，涵盖了政府责任、工作机制、政策支持、公平就业、就业服务和管理、职业教育和培训、就业援助、监督检查、法律责任等方面。由于篇幅的限制，本书不一一列举，读者可自行通过中华人民共和国劳动和社会保障部网站查询详细资料。

劳动合同是劳动者与用工单位之间确立劳动关系，明确双方权利和义务的协议。订立和变更劳动合同，应当遵循平等自愿、协商一致的原则，不得违反法律、行政法规的规定。劳动合同依法订立即具有法律约束力，当事人必须履行劳动合同规定的义务。

第二节　民族地区高校大学生求职就业遇到的问题

少数民族大学生在求职过程中经常遇到以下突出问题，这些问题具有一定的普遍性。

一、易陷入招聘中的四大陷阱

大学生就业的第一步是求职，主要防备的是招聘陷阱，其中需要特别注意的是：一是试用陷阱。有些企业在招聘时，并不明确告知试用期，这样使得求职者长期成为企业的廉价劳动力，并且相关待遇得不到兑现。二是岗位陷阱。有的单位招聘广告上的职位描述和实际的岗位相差甚远，也有的单位会以"到基层锻炼"为由，把求职者派到与广告岗位落差很大的岗位上。三是提交作品陷阱。有些设计公司为了节约成本，以应聘需要提交相应的作品进行筛选为由，骗取大学生的创意方案。在遇到这样的情况时，大学生要事先和公司谈好策划方案的版权问题，声明不能随意使用。四是短信陷阱。不法分子往往通过短信求职信息群发找到上钩者，并且往往要求交纳一定的培训费或者信息费，或者求职者一旦回复短信就会被扣除高额的手机费。

二、混淆合同和协议

对"三方协议"和劳动合同混淆不清。"三方协议"是《全国普通高等学校毕业生就业协议书》的简称，它是明确学校、企业、毕业生三方在毕业生就业工作中的权利和义务的书面表现形式，是编制毕业生就业方案和毕业生派遣的依据，并不涉及毕业生到单位工作后所享有的权利和义务。因此，在某种程度上说，"三方协议"只能起到教育管理的作用，对于企业的法律约束力是非常小的。劳动合同是毕业生与用人单位明确劳动关系中权利和义务关系的协议，涉及劳动报酬、劳动保护、工作内容、劳动纪律等方面的法律约束，劳动权利和义务关系更为明确。因此，劳动合同的签订对大学生走上工作岗位后的意义重大，更具法律效力。

三、对劳动合同的理解不够审慎

法律上讲究以事实为依据，这里的事实不是指客观事实，而是指能够用证据证明的事实，强调的是证据。劳动合同是双方当事人享受权利、承担义务的依据，是相关部门处理劳动争议的法律依据，大学生要谨慎对待。首先，要认真阅读合同文本，留心每一项细小的条款，要弄懂问清，不可盲目填写。其次，要明确自己与用人单位之间权利和义务的对等，权衡相互之间的约束；明确职务和岗位，以防用人单位以频繁调动岗位的方式迫使毕业生不得不辞职；明确试用期的时间和工资标准，对此《劳动合同法》有着明确详细的规定；明确最低工资标准，最好能将年终奖用条款固定下来，作为工资的一部分；明确用人单位是否给员工办理社会保险，如果没有社保，工资将大打折扣；明确是否有法定假日，尤其是女生要特别注意有无对婚假、产假的合理要求。此外，要警惕企业额外签订的条款以及各种还没有单位盖章的文件。

四、法律维权意识不够

大学生与用人单位之间的法律关系就是两者之间的权利与义务关系,双方签订就业协议书或劳动合同后,就明确了双方在法律上的权利和义务关系,权利是法律所确认和保护的,其实现的直接条件是义务人履行应尽的义务。因此,对于毕业生和用人单位来说,双方既要维护自己的权利,同时又要履行彼此的义务。在当前的就业压力环境下,不少大学生遇到求职陷阱或劳动纠纷时往往采取忍气吞声的态度,不懂得如何维护自己的权利。大学生求职时要认真学习《劳动合同法》《就业促进法》等,以保障自己的合法权益。走上工作岗位后如遇到劳动争议,则可以依据《劳动仲裁法》进行调解。同时,大学生也要履行自己的义务,如有更好的发展空间需要违约、跳槽,则要依据相关法律优雅离职。《劳动合同法》也对劳动者解除劳动合同的情形做了详细规定。大学生切不可在不告知用人单位的情况下私自毁约,这样不仅会给自己带来麻烦,而且会使学校的声誉受损。

第三节 民族地区高校大学生求职就业的法律准备

对于每个求职者来说,职场中既充满机遇,也充满陷阱,求职者要多一些风险意识,少一些盲动,以规避求职风险。

一、多种途径了解公司背景

在求职者正式进入单位之前,一定要加强对该单位的了解以免误入骗子所设下的陷阱,如注意招聘单位的营业执照等相关证件,正规单位招聘一般会将招聘地点设在单位的办公室、会议室,一些以租用房间作为应聘地点的单位,一定要提高警惕。

二、拒交各种名义的费用

任何招聘单位,以任何名义向求职者收取押金、服装费、风险金、报名费、培训费等费用的行为,均属于非法行为。招聘单位培训本单位的职工,也不准收取培训费。求职者若遇到此类情况,一定要坚持拒交,并向招聘单位所在地区举报,以确保自己的合法权益和人身财产不受侵害。

三、不要向陌生人透露个人隐私

任何招聘单位,以任何名义向求职者打听家庭住址、家庭电话、父母兄弟姐妹以及同学等与你亲近的人的姓名及电话时，在未确认对方身份之前，不要透露，以确保自己的合法权益和人身财产不受侵害。

四、不轻信许诺到外地上岗

对外地企业或外地分公司、分厂、办事处的高薪招聘，无论其待遇多好，求职者千万要保持清醒的头脑和高度的警惕，不要轻信口头许诺，一是不去，二是到劳动保障部门咨询，并办理相关手续。

五、谨慎签订劳动合同

与招聘单位签订劳动合同时，求职者要注意以下问题：一看企业是否经过工商部门登记以及企业注册的有效期限，否则所签合同无效；二看合同字句是否准确、清楚、完整，不能用缩写、替代或含糊的文字表达；三看劳动合同是否有一些必备内容，包括劳动合同期限、工作内容、劳动保护和劳动条件、劳动报酬、社会保险和福利、劳动纪律、劳动合同终止的条件、违反劳动合同的责任等。

六、掌握劳动法规和相关政策

求职者在求职前或求职过程中，应当主动学习一些劳动法规和相关政策知识，提高自己的求职风险安全意识和独立思考能力。

第四节 签约的法律注意事项

一、签约注意事项

（一）对企业的了解

签约是一件非常严肃的事情，也是一个法律行为，因此签约前的了解洽谈十分重要。毕业生应详细了解用人单位的情况，一般包括单位的规模、效益、管理制度等，单位的隶属也很重要。国家机关、事业单位、国有企业一般都有人事接收权，民营企业、外资企业则需要经过人事局或人才交流中心的审批才能招收职工。协议书上应签署他们的意见才能有效。毕业生还应对不同地方人事主管部门的特殊规定有所了解。

（二）熟悉劳动合同内容及签订条件

一般到用人单位报到后毕业生和用人单位要签订劳动合同书，因此，在签约前了解合同书的内容是十分必要的，尤其重要的是合同书的工作年限和待遇。毕业生应向招聘人员索要样本或复印件，以免报到后发生纠纷，遭受很大损失。劳动合同的内容要全，一些劳动合同的必备内容都必须包括：劳动合同期限、工作内容、劳动保护、劳动条件、劳动报酬、社会保险和福利、劳动纪律、劳动合同终止的条件、违反劳动合同的责任。

要签书面的合同，并且要求保留一份合同，现在有些用人单位很不规范，不愿意与职工签订书面劳动合同，想借此逃避一些责任，也有的单位为图省事，这些都是对劳动者极不负责的行为。劳动者有权要求与用人单位签订书面合同，这样，如果发生劳动纠纷、争议，就有法律依据。千万避免签订口头合同、不全合同、模糊合同、单方合同以及一些危险性行业用人单位与员工签订的"工伤概不负责"的生死合同。

试用期也要签订劳动合同，这一点常常被劳动者所忽略，有些单位在试用期内往往不与职工签订劳动合同，一旦试用期满，就找种种借口辞退员工，这对单位来说省事又省钱，还可以对劳动者不负任何责任。对劳动者来说，是很被动的。一边倒的合同不能签。本来劳动者与用人单位相比已经处于相对弱势的地位，所以相当一部分劳动者为了得到一份工作，在求职时对用人单位单方制定的劳动合同的样本，心里有很大的意见，但因为害怕得不到工作，而不敢提出自己的意见，只好委曲求全地在合同上签了字，想先得到份工作再说。其实从法律角度来说，只要在合同上签了字，就表示对这份合同认可，并愿意遵守和履行合同的行为。如果以后出现问题和矛盾时，只要拿不出你在签合同时用人单位用了胁迫或欺诈的行为的证据，那么可以认定这是你真实意愿的反映，就不能认为是一份无效劳动合同。

（三）协议的条件

为避免到用人单位报到后发生纠纷，签约前达成的收入、住房和保险等福利待遇最好在协议书中写明。如果报考了研究生或准备出国，应事先向用人单位讲明，并写在协议书中。有些毕业生向用人单位隐瞒这些情况，这是不可取的，也会带来许多麻烦。

（四）"五险一金"问题及税前税后的工资问题

1. 什么是"五险一金"

"五险一金"，是指养老保险、住房公积金、失业保险、工伤保险、生育保险、医疗保险。

"五险一金"是由政府部门颁布实施的社会保险，它带有强制性。凡"五险一金"规定适用单位，必须无条件地执行，它也是适用单位必须承担的基本社会义务，对劳动者来说，是应当享受的基本权利。

2. "五险一金"的计算办法

养老保险 = 工资 × 8%（个人）+ 工资 × 20%（单位）

医疗保险=工资×2%（个人）+工资×8%（单位）

失业保险=工资×1%（个人）+工资×2%（单位）

住房公积金=工资×12%（个人）+工资×12%（单位）

工伤保险=工资×1.5%（单位）

生育保险=工资×0.8%（单位）

除去"五险一金"后的工资=工资-个人缴纳的部分

3. 个人所得税计算

有关个人所得税的计算公式是：

应纳税所得额=月工资、薪金收入1200元（各市规定不太相同）-个人缴纳的社会保险费

应纳个人所得税=（应纳税所得额×适用税率）-速算扣除数

例如，员工A每月工资为3000元，假定上年度月平均工资为2500元，每月个人缴纳社会保险费为3000×（8%+1%+2%）=330（元）；应纳税所得额为3000-1260-330=1410（元），根据税率表，适用税率为10%；所以应纳个人所得税为（1410×10%）-25=116（元），再加上住房公积金=3000×8%=240（元）。

所以，如果单位应发工资为3000元的话，扣除社会保险、住房公积金以及个人所得税后只有2314元了。

4. 试用期问题

《关于实行劳动合同制度若干问题的通知》第三条规定："劳动合同期限在六个月以下的，试用期不得超过十五日，劳动合同期限在六个月以上一年以下的，试用期不得超过二十日，劳动合同期限在一年以上两年以下的，试用期不得超过六十日。"

可见，用人单位和劳动者双方协商试用期长短时不得超过法律法规的有关规定。并且，根据规定，用人单位对工作岗位没有发生变化的同一劳动者只能试用一次，有些公司在与劳动者续签劳动合同时重新约定试用期的做法是违法行为，是不受法律保护的。

5. 违约金问题

违约以后，赔偿的表现形式一般都是违约金，违约金一般在合同中已经定好，而且是以年为单位而逐渐减少的，即你违约越早，违约金就越多，一般违约金不应高于年薪。虽然劳动法有规定违约赔偿的最高限额和具体数额，但是，一般不应当超过毕业生的年工资。而且赔偿应以实际赔偿为原则，即违约金和单位实际损失相符，如用人单位招录其所支付的费用、用人单位为其支付的培训费用等。

二、如何签订劳动合同

(一) 提前准备

在劳动合同订立 7 天前,可以要求用人单位提供合同文本,以便对合同文本内容有充分的了解,特别是对于双方协商约定的条款,尤应引起高度重视。

(二) 把握内容

重点了解。从全面保护个人利益出发,应尽量了解《劳动法》的内容,这一点虽然对大众来说有很大难度,但从合同本身出发,应清楚劳动合同的条款要包括两部分:一是法律规定的条款,包括劳动合同期限、工作内容、劳动保护条件、劳动报酬、劳动纪律、劳动合同终止的条件、违反劳动合同应负的责任共七方面的内容;二是双方认为有必要明确约定的条款,应明确写明。在把握合同条款的基础上,还应该清楚了解事关自身利益的两部分内容:一是在什么情况下解除劳动合同劳动者可以获得经济补偿以及补偿标准。关于这一点,《劳动法》列出了七项内容,可向劳动部门咨询。二是在什么情况下单位不得与劳动者解除劳动合同。《劳动法》第二十九条对此做出了明确规定。

总之,一份规范的合同是本着公平合理的原则制定的,如果你在阅读合同时觉得有什么地方不合理,就应马上查阅相关法规,或者向用人单位提出询问。

(三) 签订劳动合同的须知

(1) 签约单位的合法性。在签订劳动合同时,应仔细查看企业是否经过工商部门的登记以及企业注册的有效期限,否则,所签订的就是一份无效合同。

(2) 合同双方的地位是平等的。在合同订立的过程中,劳动者和企业之间的法律地位平等。只有做到地位平等,才能使所订立的劳动合同具有公正性。

(3) 书面形式的合同要使权利和义务明确具体,有利于合同履行,一旦发生争议,也有据可查,便于争议的解决。

(4) 合同的具体字句要准确、清楚、完整,明白易懂,不能用缩写、替代、含糊的文字表达,否则在执行过程中会产生误解或曲解,从而带来不必要的争议,给用人单位和劳动者双方造成损失。

(5) 附加条款要看清。在聘用合同中,一般是会有一些附加条款的,求职者在签订前一定要让企业拿出原文,仔细审看无异议后,还要盖章留存,以作依据。要认真检查有无遗漏的约定事项或者附加说明,需要立即补齐的绝对不可拖延。

(6) 当面签字、盖章不可少。求职者拿到合同,应该让企业及其负责人同自己当面签字盖章,以防某些企业利用先后签字的时间在合同上动手脚(更改数字、时间等)。同时,仔细鉴定单位所盖公章,看其是否与自己将进入的单位一致。因为事后往往发现，在同一法人单位下，会存在许多分公司和下属单位或营业部门，有些部门是自己不愿去的。

劳动合同（样本）：

合同编号：

公司（以下简称甲方），现聘用＿＿＿＿＿＿＿＿＿＿＿＿（以下简称乙方）为甲方劳动合同制职工。甲、乙双方本着自愿、平等的原则，经协商一致，特签订本合同，以便共同遵守。

第一条　合同期限

合同期限为＿＿＿年，从＿＿年＿＿月＿＿日至＿＿＿年＿＿月＿＿日止。其中试用期为＿＿个月，从＿＿＿年＿＿月＿＿日至＿＿＿年＿＿月＿＿日止。

第二条　工作岗位

甲方安排乙方从事＿＿＿＿＿＿工作。

甲方有权根据生产经营需要及乙方的能力、表现调整乙方的工作，乙方有反映本人意见的权利，但未经甲方批准，乙方须服从甲方的管理和安排。

乙方应按时、按质、按量完成甲方指派的任务。

第三条　工作条件与劳动保护

甲方需为乙方提供符合国家规定的安全卫生的工作环境，保证乙方在人身安全及人体不受危害的环境条件下从事工作。

甲方根据乙方岗位实际情况，按照双方规定向乙方提供必要的劳动防护用品。

第四条　教育培训

在乙方被聘用期间，甲方负责对乙方进行职业道德、业务技术、安全生产及各种规章制度的教育和训练。

第五条　工作时间

甲方实行每周工作5天，40小时，每天8小时工作制。上下班时间按甲方规定执行。乙方享有国家规定的法定节假日、婚假、丧假、计划生育假等有薪假日。

甲方确因生产（工作）需要乙方加班时，按照有关规定给予乙方一定的经济补偿或相应时间的补休。

第六条　劳动报酬

按甲方现行工资制度确定乙方月基本工资为＿＿＿＿＿元。其余各类津贴、奖金等发放按公司规定及经营状况确定。

甲方实行新的工资制度或乙方的工作岗位变动时，乙方的工资待遇按甲方规定予以调整。甲方发薪日期为每月＿＿＿＿＿日，实行先工作后付薪。

第七条　劳动保险和福利待遇

乙方因生、老、病、伤、残、死，甲方按国家有关规定处理，甲方按照国家有关规定按期为乙方缴纳养老、医疗、失业、公积金等社会保障。

甲方在生产经营状况良好的情况下，为乙方购买的商业保险，在保险期内，甲方有权变更或撤销险种。

乙方因病或非因工负伤需治疗的，按照《××市劳动合同规定》之规定，给予相应的医疗期。乙方在医疗期间的工资待遇、医疗费用等按照国家和××市及甲方的有关规定处理。

第八条　劳动纪律

乙方应遵守国家的法律、法规及甲方依法规定的各项规章制度。

乙方应遵守甲方规定的工作程序、保密规定等制度。

乙方违反劳动纪律和甲方的规章制度，甲方可按奖惩规定给予批评、教育、处罚，直至解除劳动合同。

第九条　劳动合同的解除与不得解除的规定

经甲、乙双方协商一致，劳动合同可以解除。乙方有下列情形之一的，甲方可以解除合同：

（1）在试用期间，发现不符合录用条件的；

（2）严重违反劳动纪律或者甲方的规章制度的；

（3）严重失职、营私舞弊，对甲方利益造成重大损害的；

（4）被依法追究刑事责任或劳动教养的。

有下列情形之一的，甲方可以解除劳动合同，但是应当提前30日以书面形式通知乙方本人：

（1）乙方患病或者非因工负伤，医疗期满后不能从事原工作，也不能从事由甲方另行安排的适当工作的；

（2）乙方不能胜任工作，经过培训或者调整工作岗位，仍不能胜任工作的；

（3）劳动合同签订时所依据的客观情况发生重大变化，致使原劳动合同无法履行，经当事人协商不能就变更劳动合同达成协议的；

（4）甲方濒临破产进行法定整顿期间或者生产经营状况发生严重困难，确需裁减人员的。

有下列情形之一的，乙方可以通知甲方解除劳动合同：

（1）在试用期内的；

（2）甲方以暴力或者非法限制人身自由的手段强迫劳动者劳动的；

（3）甲方未按照劳动合同约定支付劳动报酬或提供劳动条件的；

（4）乙方因其他情况需要辞职，需在一个月内以书面形式通知甲方。

乙方有下列情形之一的，甲方不得随意解除劳动合同：

（1）患病或负伤，在规定的医疗期内的；

（2）女职工在孕期、产期、哺乳期内的；

（3）法律、法规、规章规定的其他情形。

解除劳动合同的经济补偿，按《××市劳动合同规定》执行。

对于乙方在本合同期内由甲方出资培训，乙方因个人情况辞职或离职，在培训期内的按培训费的100%赔偿，并退还任职最后3个月的薪金；在培训结束后的，将酌情减免培训费的赔偿金额。

第十条　双方需约定的其他事项

乙方若因病不能上班时，可凭医院出具的有关证明，享受甲方规定的1年7个工作日的有薪病假。

当有薪病假日累计超过7天后，甲方将按规定从乙方工资中扣除相应金额。

第十一条　违反劳动合同的责任

甲、乙双方任何一方违反劳动合同，给对方造成经济损失的，应根据损失情况和责任大小，依据国家的有关法规和企业依法制定的规章制度及双方约定的事项，承担一定的经济补偿。

第十二条　劳动争议

甲、乙双方履行本合同和因辞退、除名、开除乙方而发生劳动争议时，可由甲、乙双方协商解决。

若双方不能协商解决的，可由争议的一方向企业所在地的劳动争议仲裁委员会申请仲裁。不服从仲裁裁决的一方，可在收到仲裁裁决书即日起十五天内，向甲方所在地人民法院提出诉讼。

第十三条　其他

本合同一式两份，甲、乙双方各执一份，经双方签字盖章后生效，两份具有同等法律效力。

本合同未尽事宜，按照《劳动法》《××市劳动合同规定》和甲方的有关规定执行。

本合同条款如与国家法律、法规和政策相悖时，以国家法规政策为准。

甲方：　　　公司（盖章）　　　年　月　日

乙方：　　　代表人（签字）　　　年　月　日

第五节　民族地区高校大学生就业心理调适

一、正确对待挫折

人们在求职择业中遇到一些挫折是正常的，切不可因此而感到自卑。一个心理健康的人对人生总保持自信心，如丧失了自信心，就失去了开拓新生活的勇气。顺境中有自信心不足为奇，逆境中更需要自信心的支持。

生活中的挫折是造就强者的必由之路，挫折是锻炼意志、增强能力的好机会。遇到挫折后应放下心理包袱，仔细寻找失利的原因，调整好目标，脚踏实地前进，争取新的机会。

树立崇高的职业理想，与脚踏实地并不矛盾。失败者常常感叹求职择业真难。现实确实如此，尤其是理想的或热门的职业更是如此，存在激烈的竞争。这是商品经济社会的普遍现象。职业理想的追求与实现，并不一定取决于职业本身。在中外众多的伟大科学家们的成长过程中，我们常常可以看到他们当初职业的起点并非那么"理想"。富兰克林曾经是个钉书工人，华罗庚初中毕业后便帮助家里料理小杂货铺，也曾在母校干过杂务。可见，较低的职业起点，并不贬低职业理想的价值，从现实的生活之路起步，也正是大多数科学家的职业理想迸发、形成的环境。

挫折是一种鞭策。双向选择的本质意义是一种激励手段，对优胜者是这样，对失败者也是如此。它对失败者并不是淘汰和鄙视；相反，它促使失败者振作起来，彻底摆脱"等、靠、要"的就业心态，使自己加快自立自强的转化过程，成为新时代的开拓者。

少数民族大学生求职择业的渠道窄，要顺利地择业，从根本上说，在于发现自身的优势，并以其优势去参与竞争。

二、认识与接受职业自我，主动捕捉机遇

大学生就业中的许多心理困扰都与大学生不能正确认识自我和接受职业有关，因此，正确认识自我的职业心理特点并接受自我，是调节就业心理的重要途径，并可以帮助自己找到适合自己的职业方向。要知道自己喜欢什么样的职业，需要什么样的职业，自己的择业标准以及以自己目前的能力能干什么样的工作，这样才能知道什么样的工作更适合自己。许多同学通过亲身的求职活动后就会发现自己的能力与水平并不像自己以前想象的那么高，容易出现各种失望、悲观、不满情绪。因此，在认识自我特点后还要接受自我，对

自我当前存在的问题不能一味地抱怨，也没有必要自卑，因为自己当前的特点是客观现实，在毕业期间要有大的改变是不可能的，因此，要承认自己的现状，学会扬长避短。另外，要用发展的观点来看待自己，要知道有些缺点并不可怕，可以先就业，然后在工作岗位上不断发展自己。

少数民族大学生就业中的机遇因素也是非常重要的，因此了解并接受自我特点以后，还要学会抓住属于自己的机遇，这样才能保证以后的求职顺利。要抓住机遇首先必须要多收集有关的职业信息，多参加一些招聘会，并根据已定的择业标准进行选择。需要注意的是，机遇并不是对任何人都适用。一个工作的好与不好，是相对的，对别人合适的，对自己不一定合适，因此一定不能盲从。要时时记住，只有适合自己的才是最好的。其次要注意机遇的时效性，在发现就业机会时要主动出击，不能犹豫，也不要害怕失败，应有敢试敢闯的精神。人们时常把当今世界称为竞争的时代，大到国与国之间的对抗，小到人与人之间的竞争。竞争冲击着人们的事业和生活，冲击着人们的意识和思想，在求职择业上亦是如此。

（一）敢于竞争

当今时代，竞争机制已经渗入社会的各个领域和人生的整个过程。学习生活一开始，同学之间便开始了学习成绩的竞争，大部分同学都希望得到优异成绩，升入好的中学和大学。在大学阶段，竞争更为激烈，评三好学生、优秀毕业生，评奖学金，推荐研究生等，无一不和竞争联系在一起。但是，大学生自身的竞争意识在过去并没有得到真正的强化，有的大学生面对竞争的挑战显得手足无措。深化改革的今天对大学生强化竞争意识提出了迫切要求，也提供了客观环境。迎接新的挑战，强化竞争意识是大学生在择业前最基本的心理准备。

大学生强化择业的竞争意识：一是要在正确自我评价的基础上，充分相信自己的实力，敢于通过竞争去达到理想的目标。二是必须在心理上准备同"铁饭碗、大锅饭"的传统告别。必须从社会进步和深化改革的角度来加深对竞争机制的认识，强化自身的竞争意识，自觉正视社会现实，转变观念，做好参与竞争的心理准备。

（二）善于竞争

要想在求职与择业中取得成功，仅仅敢于竞争还不够，还必须善于竞争。善于竞争体现在具备良好的心理素质、实力和良好的竞技状态。

在求职与择业竞争中，应注意期望值是否恰当。期望值是个人愿望与社会需求的比值，期望过高会使心理压力加大，注意力难以集中，造成焦虑，影响正常水平的发挥。

在求职面试时情绪一定要轻松自如。在面试时，要克服情绪上的焦虑和波动，如果一个人自始至终以良好的情绪对待学习、工作和生活，那么他就有可能在竞争中获胜。

要做到善于竞争，还要做到在面试时仪表端庄，举止得体，给人留下良好的第一印象；锻炼出较好的口才，交流时口齿伶俐、表述清晰；合理利用有关规则等。

（三）积极寻求有效的社会资源，获取多层面、多渠道的就业帮助和机会

马克思认为，个体的存在离不开社会，只有融入社会关系中，才能找到自己的位置和发展方向。个体在社会中生存要面对两类群体：一类是由感情关系辐射和地域关系形成的熟人群体；另一类是因生活和工作半径扩大后而面对的陌生人群体。不管是在熟人社会还是在陌生人社会，恰当的人际交往都至关重要，因为这能给个人的生存发展提供许多机会和帮助。

（四）边求职边锻炼，健康生活，以充沛的体力和精力过好每一天

大学生要珍惜青春期旺盛的生命力，时刻保持有效的自我控制和良好的状态。良好状态指的是一个人的健康质量，包括身体素质、精力水平、体重和对高危行为的避免。良好的状态对于有效应对压力是一种资源。这种资源不仅能使人用良好的知觉去感知生活，而且能使人以充沛的体力和精力去应对各种压力。大学生要想拥有良好状态：一要客观认识当前的就业难问题从根本上说属于结构性就业难题。二要了解社会对专业的需求情况，根据自身能力、自己的职业兴趣、专业特长、实际能力、性格气质特点、家庭情况等去合理定位就业期望值。三要加强挫折承受力训练，培养越挫越勇、积极向上的性格，同时要冷静分析导致择业失败的原因并进行合理归因。

第六章　地方性民族院校就业指导研究

第一节　地方性民族院校就业指导师资队伍建设的现状与对策研究

一、学院就业指导师资队伍现状分析

（一）就业指导教师数量不足

学院至今还没有从事就业指导工作的专职教师，仅有少数兼职教师从事此项工作，远不能达到教育部规定的每所高校专职就业指导教师与应届毕业生配备必须达到1∶500的比例要求。由于教师数量严重不足，只能通过讲座、座谈等形式进行就业政策及法规、就业信息、求职技巧等应急性指导，无法进行针对性的个性化指导，所以，难以达到理想教学效果。

（二）师资队伍职业化、专业化程度不高，不稳定

学院在人事制度上还没有设立专门的就业指导教师的编制，多数系部的就业指导教师主要是由系部相关领导、辅导员或班主任兼任，就业指导教师队伍职业化和专业化程度不高。个别系部从考虑教师学期教学工作量的均衡角度出发，临时安排"职业生涯规划与择业技巧"课的指导教师和"实习"（"毕业设计"）课的指导教师，使整个队伍不稳定。这些指导教师的身份并不固定，而是会根据每学期教学实际情况有所变化。他们中的绝大多数没有受过相关专业训练和系统的就业指导教学培训，对就业指导知识（特别是应用性较强的内容）了解很少；专业领域的研究不足，缺乏相应的教学经验，多照本宣科进行教

学，教学质量不高，针对性和新颖性不足，难以满足新形势下对大学生的就业指导。

（三）师资队伍层次不一、结构不合理，没有形成梯队发展模式

2004年，甘孜州进行大中专教育资源整合，将甘孜州财经学校、甘孜州农业学校、甘孜州工业技术学校、甘孜州林业技术学校并入康定民族师范高等专科学校，2009年整合后的康定师范专升格为四川民族学院（本科）。

整合前，各个学校的毕业生由国家统一包分配，学生没有就业压力，不需要就业指导，更不需要就业指导教师。高校扩招和教育资源整合后，"统包统分"转为"双向选择""自主择业"，大学生就业问题就成为学院发展的关键之一，就业指导师资队伍建设的重要性日益凸显。整合后的学院师资队伍由于学科知识背景复杂、专业性不强，大多数与就业指导密切相关的知识和能力不足；其中，一些领导和老教师的观念没有转变，认为就业指导教师无足轻重、可有可无。这些因素导致这些教师既不能主动分析市场动向、走访企业、了解目前当地和社会人才需求的走势，也不能很好地对毕业生进行相关指导，更不能把学生的学业、就业和学院的教育事业有机结合起来形成系统工作。

系部一些从事就业指导的兼职教师、"实习指导教师""毕业设计教师"是刚从高校毕业的年轻教师，昨天还曾被指导找工作，今天就指导别人就业，而且对当地就业前景、就业指导内容、就业程序等毫无经验，缺乏应有的咨询能力和市场开拓能力，仅限于浅层次的就业经验。加上工作时间短，缺乏相关专业知识背景，工作针对性较差，所以这些教师不能有效开展就业指导工作。

个别系部虽然聘请了一些企事业单位从事职业规划的专家或人力资源管理者为客座教授，但仅是在临近学生毕业时邀请他们到学校进行一些经验讲座、技巧讲解，并没有把他们引入自己的就业师资队伍中。

另外，学院少数几个具有就业指导师资格证的中青年教师，他们主要从事行政工作而脱离了教学实践，对学生个性和就业需求缺乏必要了解，不能进行针对性的就业指导和个性化指导。

综上所述，学院现有的就业师资队伍层次不一、结构不合理，而且以兼职教师为主，缺少专职就业指导教师，也没有就业指导方面的专家和具有相关企业背景的人力资源管理人员，更没有形成合理的梯队发展模式。

二、对策研究——加强高素质就业指导师资队伍建设

（一）深刻认识就业指导师资队伍建设的重要性

教育部强调："要尽快把提高就业指导教师队伍建设的工作放在重要位置，努力提高就业指导队伍的专业化和职业化水平。"教育部周济部长强调指出：要进一步加强毕业生

就业服务体系建设，努力构建一个更加完善的、符合"全程化、全员化、专业化、信息化"四化标准的毕业生就业服务体系。

由于国际金融危机的影响仍在继续蔓延，众多国际化大公司纷纷裁员，众多中小企业减产停产甚至倒闭，这给本已举步维艰的就业市场带来更大的打击。在此新形势下，学院要加强毕业生就业指导工作的有效性，提升就业服务能力。同时，必须深刻认识到就业指导师资队伍的质量是关乎学院生存发展的关键所在，必须建设一支业务过硬、素质深厚、知识面广、沟通交流能力强的就业指导师资队伍，并把这个工作作为"一把手"工程，由学院主要领导负责抓，分管领导具体抓。另外，要做到就业指导师资队伍与教学师资队伍一视同仁，使学院的就业指导工作有所创新和突破，促进学院的发展和水平提升。

（二）科学组建就业指导师资队伍的途径

学院要进一步完善就业指导师资队伍的选聘机制、管理机制、培养机制和发展机制，建立一支德才兼备、热爱教育、乐于奉献、知识全面和有亲和力的高水平的相对稳定就业指导师资队伍。

（1）专业化、职业化的师资队伍，是提高学院就业指导专业化水平的保证。要坚持以专职教师为主的原则，鼓励和要求教师通过职业指导师资格考试，逐渐在推行校内就业指导课专任教师职业资格准入制度。

（2）建立一支校外就业指导队伍。本着边实践、边培养的原则，通过内"培"外"引"（聘）方式，长期聘请企业的董事长、总经理、人事部经理和人事管理部门、人才交流中心的干部为客座教师或顾问，建立一支相对稳定的校外就业指导队伍。这些人不仅经常与应聘人员或用人单位接触，熟悉各行业对人才选聘的要求，而且有丰富的沟通能力和专业的指导能力。他们的参与和加入，可以优化就业指导师资队伍结构，弥补专职教师市场信息滞后的不足，起到内外结合、优势互补的作用。

（3）从辅导员、班主任中发掘热爱此项工作并有一定业务素质和发展潜力的教师，补充到就业指导师资队伍中来，充分发挥他们的工作优势，有针对性地开展个性化的就业指导。

总之，要通过多种途径建立和完善以专职教师、辅导员和班主任为主，校外专家为辅的一支结构合理的就业指导师资队伍。

（三）严格标准、精心选拔，建立和完善合理的考核评价制度

学院应按照"政治强、业务精、纪律严、作风正、师德高"的标准，通过"高进、严管、精育、优出"来选拔和聘任那些具有奉献精神、热爱学生、关心集体、团结协作、责任心强、依法执教和有开拓创新意识的教师，以保证这支师资队伍的质量，从而确保就业工作的公正、公平。要结合就业指导教师的工作成绩和工作水平，建立和完善合理、科学的考核与评价制度，将考核结果与职务聘任、各种评比挂钩，形成激励制度，做到规范

管理。

(四) 加强培养和培训，提升师资队伍的素质和能力

就业指导师资队伍的素质关系着开展就业指导工作质量的高低。就业指导教师的素质反映在不仅具有充分的相关学科的知识、丰富的教学经验和良好的个人表达能力，还要能深入了解宏观的经济形势和微观的行业信息及用人单位的人才需求状况，这样才能提高就业指导课的质量，增进就业指导工作的实效性。如果没有高素质的就业指导师资队伍，就很难达到理想的工作目标。加强就业指导师资队伍建设，必须以提高教师队伍的职业素质为核心。为此，学院要建立合理的师资配置，制订就业指导教师的培养方案。

(1) 开展系统性培训。加大投入力度，邀请就业指导的专家、学者到学院开展就业指导教师的业务培训、专题培训，讲解就业指导的相关知识和技能，对就业指导教师进行全面系统规范的职业技能培训。

(2) 加强与用人单位及社会的联系。要鼓励专职教师定期深入企业调查研究，采用岗位培训、挂职顶岗、跟班学习、导师带徒等方式，掌握和使用人的素质与能力的相关测评量表与工具，积累实践经验，形成"一专多能"的特质。

(3) 教师到不同企业去兼职锻炼。通过参与企业人事招聘实际过程，让他们身临其境，更加深刻地体会和理解企业对人才的要求，从而不断提高他们从事就业指导工作的能力和水平。

(4) 加强与其他高校的联系。定期组织这些教师到其他高校考察、交流，开拓教师视野。

(5) 鼓励教师参加跨系统、跨行业的第二技术职务的评聘。要积极支持他们参加多种有关就业、职业指导资格的专项学习和职业资格证书的考试，走"双证书""一体化"的发展道路，以提高教师的业务水平和综合素质。

(五) 突出特色，培养"双语型"就业指导教师

学院作为一所地方性民族院校，应立足民区、面向基层，以服务区域经济和特色产业为导向，在加强就业指导师资队伍建设的同时，注重发挥学院的教育资源，培养藏、汉双语兼通的"双语型"就业指导教师。这样的教师不仅应具备专职就业指导教师的素质，而且要熟悉和了解当地的风俗人情、地方文化和现时用人单位的需求情况，更重要的是能满足藏区对专业基础扎实、适应能力强、具有创新精神和实践能力的双语人才的"多行业、少批量"的需要，为造就服务民族地区的高层次、实用人才奠定坚实基础。

(六) 整合利用资源，成立就业指导教研室(组)，形成就业指导团队合力

目前，学院虽然具有专业背景的就业指导教师数量较少，但完全可以利用有限的专业

资源来培养一些半专业化队伍；把一些愿意参与就业指导工作的人员作为培训对象，如年级辅导员或班主任、分管就业工作的行政人员以及其他专业教师，组织他们参与就业理论学习、集体备课、课堂旁听、课程研讨会等，提高他们参与就业指导工作的能力与水平，这有利于他们在学院就业指导工作的大环境中快速成长，进而承担各系就业指导课程的教学任务。

在条件成熟时，学院应设立由学院就业指导中心领导下的就业指导教研室（组），并设立就业指导专项基金，负责开展全校就业指导课程的建设和组织实施。就业指导教研室（组）由学院有关领导、社会上的人力资源管理专家和专职就业指导教师组成，有针对性地开展教学活动，共同制定就业相关教学大纲、教学计划、课程设置等。要创建民族特色就业课程。要充分发挥教研室（组）的团队力量，将教学与科研相结合，根据社会发展需要和民族地区潜在人才市场需求，对专业建设、课程设置和培养目标提出与时俱进的、合理的意见。要加强该教研室师资与不同学校就业指导教师之间的交流、研讨，更新教学内容，推广先进经验，为做好就业指导课奠定坚实的基础。还应充分发挥学生党团组织的作用，成立"职业与发展协会"社团，将就业指导与学生自我教育相结合，提升学生的就业意识。

（七）强化保障，落实就业指导教师的待遇

学院在完善软硬件建设的同时，应将就业指导师资队伍建设列入教师队伍建设规划，进一步加大投入力度，从政策、待遇等方面给予大力支持和保障。要实行制度化管理，以工作业绩和业务水平作为评聘学院就业指导教师的职称标准，切实解决就业指导教师的职称晋升问题。要尊重他们的权利，坚持以人为本，真正落实待遇留人、情感留人和事业留人。这样，就业指导教师才能看到自己职业的发展方向，才会更有动力地全身心投入工作，也才能吸收更多优秀人才以充实和完善就业指导师资队伍，大力推进学院毕业生就业工作的稳步开展和提升。

第二节 浅析"全员化、信息化"视角下民族地区高校就业信息服务对策

一、就业信息、就业信息服务的含义

关于就业信息、就业信息服务的概念目前还没有统一定义，人们的理解也存在一定的偏差。李伟文认为，"所谓就业信息就是指毕业生事先不知道，然后经过加工整理，能被

毕业生所接收并对其择业有价值的消息、资料或情报"。胡为萍认为，"就业信息是大学毕业生就业所需、所用、所参考的综合信息的总和"。谭世芬认为，"就业信息是指通过各种媒介传递或发布的有关就业方面的消息和情况，它是大学生择业的基础"。余蓝认为，"就业信息实际上指的是与个人职业生活有关的知识或资料，既包括反映整个就业市场的社会职业状况方面情况的资料，也包括反映特定职业的性质、任务、要求、待遇以及升迁机会等与职业密切相关的具体情况，同时还包括与职业资格有关的教育与培训方面的信息等"。马晓春认为，"就业信息是指能够提供就业岗位或就业机会的所有相关信息"。

根据现有文献的梳理，本书认为，就业信息的含义有广义与狭义之分。广义的就业信息的内容较多，范围广泛，是供求双方根据个体需求所利用的各类综合信息的总和。狭义的就业信息是通过各种媒体传递或发布的有关职位供求的信息。狭义的就业信息简洁明了，如职业供求双方的介绍、提出的条件要求等。就业信息服务既是就业工作的组成部分，同时也是信息服务工作的组成部分。从理论上讲，大学生就业信息服务是根据个人的生理、心理特点和社会需要，为大学生职业生涯规划发展、职业选择提供信息服务的过程。

二、民族地区高校大学生就业信息服务存在的问题

（一）全员化程度不够

大学生就业服务体系是集管理、服务、教育、研究于一体的开放性系统工程。这一开放性系统工程涉及方方面面，需要全社会各种力量的参与。目前，我校就业服务体系主要是由学校就业处（指导中心）和系部共同组成，而其他相关职能部门、组织和个人，比如，图书馆、共青团、学生会团体的职能以及广大教师员工的潜能还没有充分发挥应有的作用。

笔者通过以图书馆馆长、副馆长、部门主任为调查对象，对学校图书馆进行问卷调查，问卷回收率为92.6%，有效达90%。通过调查显示，学校领导对学校图书馆参与大学生就业很少有明确的指示和要求，图书馆参与大学生就业信息服务的意识不强。

（二）就业服务机构不完善，设施不完备

当前，我校就业服务机构设立了以学校就业处和系部的就业工作小组，但还没有就业指导教研室、就业咨询室、职业测试室、就业资料室等，有专门固定工作场所的很少。

（三）就业指导队伍建设薄弱

这反映在：一是从业人员的专业化程度不够，高校的高端人才都配备到了教学和科研岗位上；二是就业工作者与学生数的比例不合理。

根据对全国61所高校毕业生就业指导中心的调查发现，有62.5%的省市未能达到规

定的1∶500的人员比例。而美国高校就业指导人员一般按照学生人数1∶200配置，配备不但整齐且岗位分工明确，如有就业顾问、就业主管、对外联络员、秘书等。就业指导人员一般具有相关专业的博士或者硕士学位，且经过考试达标、获得资格证书后方能上岗。

（四）信息化建设亟待加强

目前，大学生就业信息化建设存在的主要问题有：一是图书馆馆藏纸质就业信息资源少且不系统，就业信息资源的人均占有量太少；二是网络、数字化就业信息资源没有得到很好整合，"信息孤岛"、重复建设现象严重；三是就业网站质量不齐，基于大学生个性需求的就业信息资源统一检索权威平台还未出炉。

三、建议与对策

（一）对地方政府有关部门和学校的建议

第一，定期召开大学生就业信息服务专题会议，如议题是"共享组织重点使用的交流工具"的会议。建议定期召开一个由地方政府有关部门领导、学校有关领导、各系部领导、校图书馆馆长及其他职能部门领导和相关人员参加的大学生就业联合服务会议，形成全员参与指导就业的理念，使政府和高校形成"齐抓共管"的工作格局。会议的主题可定为"统一服务意识、联合服务大学生就业"。

第二，整合人力资源，成立大学生就业信息综合服务部。大学生就业工作涉及方方面面，是一项复杂的系统工程。成立就业信息综合服务部就是要充分发挥各方面人才的优势，形成合力做好工作。现在，学校的就业服务工作都是由就业处和系部在做，而其他部门几乎没有参与或各自为政。而实现大学生就业人力资源整合，能大大地提升高校大学生就业信息服务的整体水平。调查显示，学校图书馆没有大学生就业信息服务部和没有专人从事大学生就业信息服务工作，也没有与校就业中心和系部、团委等部门合作开展过大学生就业信息的收集工作，没有大学生就业信息专题报刊阅览室、就业专题书库和专为就业服务的电子阅览室等，没有开展过大学生就业专题书展或就业书刊目录推荐，更没有举办过大学生就业指导专题讲座。

第三，国家尽快构建权威的、内容全面的基于个性需求的就业信息资源统一检索平台。目前，已有的各种信息平台，在为大学生就业提供服务，但这远远不够。

第四，要充分发挥图书馆的信息服务优势，为大学毕业生就业提供各类信息。

（二）开展就业信息服务的对策

在目前大学生就业难，全社会都在关注大学生就业的形势下，学校图书馆应顺应形势的需要，为学校的生存和发展，为大学毕业生顺利就业提供信息服务。在做好为教学、科研服务的同时，应积极、充分地发挥图书馆的优势，积极拓展服务功能，主动参与到大学生就业信息服务工作中去。

第一，图书馆要加强主动服务意识。馆长的意识是关键，图书馆馆长对大学图书馆的办馆方向、发展目标的确定以及对馆员、用户的思想影响等，起方向性、规范性、感染性的引导作用。

第二，加强大学生的就业信息资源建设。在网络时代，馆藏数字化已成为发展趋势。图书馆已经成为融纸质资源与电子资源为一体的复合型图书馆。各类数据库如雨后春笋般涌现，各类信息资源的数字化整合为用户大大提供了便利。以大学生就业为专题的就业信息资源数据库构建也变得切实可行，如智联招聘、爱迪科森的就业培训库等就业视频数据库就为大学生就业提供了便捷服务。其一，为了补缺补差，图书馆首先在就业信息资源购置经费上在某个时期应有适度的倾斜。其二，引进经济成本管理理论，减少重复建设。其三，整合网络就业信息资源。其四，就业信息资源建设应有宏观的考虑，对不同类型的就业信息资源进行立体构建并形成体系，从而建立比较完备的就业信息资源保障体系。学校图书馆在做好本校大学生就业信息资源建设的同时，也可为全省乃至全国大学生就业信息资源共享奠定基础。

第三，培养高素质的就业信息服务馆员。首先，馆员要有良好的职业道德，把为学生就业提供信息服务作为自己的本职工作，千方百计地为学生着想。其次，馆员不仅要具备对就业信息的分析、研究能力，还要具备广博的知识，尤其要有利用计算机技术、网络技术等其他现代化信息技术对就业信息进行加工和传播。此外，馆员还要有敏锐的洞察力，善于捕捉就业信息，具有就业信息的认识能力、研究能力、思维能力、组织管理能力和开发创新并加以有效利用的能力，能真正为大学生就业发挥作用。因此，数字时代的图书馆馆员在就业信息服务方面应当是"信息领航员"和"信息工程师"。目前，国外许多高校都深刻地认识到就业信息市场发展的源泉在于人的智慧，人是关键的因素。欧美国家把职业指导师作为高价值的人才资源。在高校图书馆人才资源中，就业信息服务方面人才资源是最重要、最稀缺的资源。

第四，创新服务手段。在"数字化信息环境下，随着信息技术日新月异的发展，将新技术融入共享服务也成为服务创新的必然途径"。比如，运用导航库技术、推送技术和智能代理技术，对相关知识信息进行收集、分析、加工、建设、整合和创新，为用户提供个性化的定制信息服务等。所以，因科技的发展，就业信息服务手段多样化、数字化、现代化已成为必然。

第五，充分利用图书馆。通过网站进行信息传递与交流是网络环境下大多数共享组织的必选途径。网站是信息时代一种先进的信息传播媒介，已经成为信息传播的重要平台。学校图书馆网站在有力地支持教学科研的同时，也可以利用馆员自身的专业特长，从社会和互联网上及时、全面获取大学生就业所需的各种信息资源，并对相关信息资源进行整合后上传到校图书馆的网页上。这样,一方面方便本校大学生获取利用,另一方面也有利于全省乃至全国的大学生共享。

第六,加强协作。就业工作是一项系统工程,单靠学校某个部门的力量是远远不够的。学校图书馆在充分利用馆藏优势、信息处理能力优势、场地优势的同时,也要密切加强与就业部门及各系部间的联系,与它们优势互补,形成合力,形成全校大就业的良好氛围,在提高学校毕业生就业质量和就业率的系统工程中发挥应有的作用。

第三节 地方性民族院校实现高质量就业指导的原则与措施

一、实现高质量职业指导的原则

要实现高质量的职业指导,必须将求职者个人需求和社会发展需求紧密结合,尽可能地实现人岗匹配,促进人的全面发展,促进用人单位可持续发展。为此,必须遵循人岗匹配原则、助人自助原则、可持续发展原则。

(一)人岗匹配原则

人岗匹配是双重匹配,即岗位要求与人的知识、能力、素质相匹配,工作报酬与人的工作动机相匹配。只有任职者具备的素质能胜任某一岗位的工作,才能创造最大的工作绩效。美国哈佛大学著名的教育心理学家霍华德·加德纳提出"多元智能理论"。他指出的人具有语言和数理逻辑、空间、身体、运动、音乐、人际、内省、自然探索八种多元智能。人的智能有其独特的个性和职业倾向性,不同智能结构的人,其知识背景、兴趣特长、性格气质也不同。因此,适合的职业和岗位也必然不同。

人岗匹配的岗位有利于从业者充分发挥创造潜能和工作积极性,有利于人才的合理配置和均衡发展,也有利于企业的可持续发展。

(二)助人自助原则

助人自助是心理辅导的最基本原则,心理辅导期望通过心理咨询师对来询者进行咨询和辅导,增强其独立性而非依赖性,培养来访者独立解决问题的能力,在日后遇到类似的挫折时能够进行自我心理调适。所谓,"授人以鱼不如授人以渔",作为伴随人的整个职业发展生涯的职业指导更是如此,因为人的职业生涯不可能随时伴随职业指导师。因此,高质量的职业指导应该培养求职者和职业人自己解决实际问题的能力,职业指导师只有以"助人自助"作为重要原则进行职业指导,才能让人终身受用。

(三) 可持续发展原则

长远利益才是最大的利益，可持续发展是求职者和用人单位共同追求的基本原则。职业指导中所指的可持续发展包括个人职业的可持续发展和用人单位因为引进人才而能得以可持续发展。高质量的职业指导应当以促进人的职业可持续发展和促进用人单位的可持续发展为宗旨，为供求双方从长计议，考虑长远而非眼前，如明确定位、确立目标、提供可行性方案，对个人的职业发展规划和根据需要对用人单位的人才引进规划进行科学指导。

二、实现高质量职业指导的措施

(一) 以就业创业政策为指导

人是社会的产物，脱离现实社会来谈个人的发展是没有意义的。因此，只有将个人利益和国家利益紧密结合，将个人发展和社会发展紧密结合，个人的职业发展才能有美好的前途。目前，我国职业教育的社会需求与个人需求严重脱节，如生产和服务第一线的技术型和技能型人才严重短缺。但不仅许多家长和孩子不愿意到职业院校学习，很多职业指导人员也总是强调：今天做一线蓝领是为了明天做管理层白领。显然，这些观念既不符合时代发展需求，也不符合学生的个性发展需求。职业指导人员有义务指导来访者充分了解国家在就业创业方面的政策法规，了解国家的经济发展战略，指导求职者根据自己的特长兴趣选择适合自己的岗位。

首先，要给予求职者就业创业政策和法律法规的指导，如就业困难群体职业培训费的减免政策、大学生创业贷款政策，《劳动法》《就业促进法》《残疾人保障法》《反不正当竞争法》《劳动保障监察条例》和《失业保险条例》等。

其次，帮助求职者充分了解国家重点支持的行业动态，帮助求职者对未来发展趋势进行预测，鼓励他们顺应时代发展的需要，到国家最需要的地方去，从事时代最需要的工作。比如，让大学生了解国家对制造业的支持政策，了解大学生下基层就业在未来升学、考公务员方面的优惠政策等。只有充分了解这些政策与法规，求职者才能在国家就业方针政策指导下，增加就业创业的成功率，实现职业人的人生价值。

(二) 科学使用测评工具

职业测评是指运用科学的方法，对受试者的职业兴趣、性格特征和职业能力倾向等职业发展要素进行评估。通过把握人格特征，达到人岗匹配的代表人物是霍兰德。目前，我国的测评软件精选了9项测评指标（职业性格测试、职业倾向测验、管理能力测试、营销能力测试、创新能力测试、创业素质测试、创业倾向测试、心理稳定测试、职业兴趣测试），能比较准确地对人的兴趣、性格、气质、行为取向和能力等特征进行分析，以便发现求职者的潜在竞争优势，并充分发挥优势找到合适的职业。测评工具直接决定测评结果的信度和效度，不恰当的测量方法会使测量结果出现差错，导致虚假信息和决策误导。因此，科学使用测评工具是对职业指导人员的基本要求。

首先，职业指导人员应该选择经过检验的量表和最新权威的测评系统，凡自制量表须接受科学论证和实践检验，并谨慎使用。其次，职业指导人员应懂得根据测定结果，分析影响测评准确性的各种因素，包括测评的信度和效度分析、测评实施过程的分析和测评者本身因素的分析。最后，职业指导人员应会撰写测评报告，总结测评结果，通过图表直观再现结论，客观反映事物发展的规律，为科学的职业指导提供前提条件。

（三）职业指导与素质培训相结合

追求成功是每个人前进的动力，改变自己未来生存状态的需求是求职者进取的内在驱动力。目前，结构性失业率不断升高。据调查，其主要原因来自求职者的自身素质。比如，自信心不足、自身发展缺乏定位；缺乏基本的意志品质和吃苦耐劳能力；成功体验少，自卑心理和人际交往障碍难以突破等。高质量的职业指导，应该针对求职者的职业素质提供必要的培训，以此改变求职者的素质结构，使之能适应用人单位提出的要求。其主要包括职业道德教育、职业素质训练、通用技能训练等。

职业道德教育的主要目的是帮助求职者树立正确的世界观、人生观、价值观，其主要内容包括诚信教育、责任意识和奉献精神的培养。

职业素质训练的主要目的是提高求职者的自我认同感、团队合作能力、自我管理能力等作为员工的基本素质，其主要内容包括成功自我设计、自信心训练、交往能力训练、行动力训练、自制力训练、坚持力训练、个性优化训练、爱的能力训练、创新能力训练等。

技能训练的主要目的是提高求职者适应社会和职场要求的基本技能，其主要内容包括计算机应用技能、口语表达技能、礼仪接待技能等。值得注意的是，从事素质培训的教师必须是具有专业水准的培训师，比如，职业素质训练一般需要由专业的心理团队辅导教师来完成。总之，只有职业指导和素质培训相结合，才能从根本上通过改善求职者的自身素质结构，解决"工作找不到人，人找不到工作"的结构性矛盾。

（四）提升职业指导人员的专业水平

职业指导人员首先必须具有相应的职业道德，对供求双方具有高度的责任感；其次，必须具备扎实的理论基础，包括职业咨询理论、职业发展理论、心理动力理论、职业生涯理论、人员测评原理及就业相关政策文件和法律法规等；最后，必须具有较强的沟通能力，熟悉常用的职业指导方法和职业咨询技巧，掌握网络信息技术和心理测评技术、人员素质测评的方法，能对个人的职业发展提出专业化建议，为用人单位选拔人才提供策略或制订方案。

保持职业指导队伍的专业性和纯洁性对促进我国经济社会健康发展起着极为重要的作

用，可以采取以下一些措施：其一，严把准入关，严肃组织职业指导资格证考试，对参考人员要进行严格的资格审查；其二，可以在大学设立职业指导专业的硕士点，通过提升学历来提高职业指导人员专业水平和综合素质；其三，对职业指导资格证持有人进行年审，淘汰不合格者，一旦发现有宣传虚假信息、进行欺骗欺诈的行为应取消其职业资格证，并追究相应的责任。

第四节　开创民族地区高校学生就业创业工作新局面

一、民族地区高校大学生就业创业局限

作为民族地区人才培养和输出基地的民族地区高校，由于建校时间较之内地高校短，软硬件设施不及那些知名高校，地理位置一般距离中心城市较为偏远，交通不便，信息滞后，难与市场对接，周边缺少大型企业，用人单位吸纳量相对有限。加之民族地区地广人稀、环境艰苦等因素，使大学生就业创业相对困难，当然大学生自身也存在许多问题，也影响了就业。

（一）就业观念陈旧、思想保守

一方面，民族地区高校学生大部分来自边远地区、贫困山区和民族地区。这些地方经济发展迟缓，教育条件参差不齐。这些学生缺少社会资源，对社会环境的认识有限，受家庭（家族）传统观念等影响，就业观念比较保守，普遍存在"等、靠、要"的思想，依赖性较强，希望社会、政府、学校和老师提供就业机会。

另一方面，眼高手低，高不成低不就。根据有关调查显示，一些待业学生（其中一部分家庭经济状况较好）眼高手低，渴望"一次就业定终身"，视公务员、事业单位招聘或教师招考为唯一出路。而对企业或基层的工作不屑一顾，认为这些单位条件艰苦，工作压力大而收入低。有的学生不愿参加各种"双选会"，认为"花几个小时排队投递一份简历"有失体面和尊严，对待工作岗位高不成低不就，更谈不上进行自主创业。

（二）缺乏职业生涯规划意识，无明确职业目标

一些学生不清楚如何做适合自身特点的职业规划，选择职业的动机模糊，缺乏利用社会资源建立或改进自己的职业规划的意识。由于不能准确地定位和评价自己，没有明确职业目标，在"市场导向、政府调控、学校推荐、学生和用人单位双向选择"的市场就业体制下，这些学生就业的成功率微乎其微。

（三）专业基础不扎实，实践能力和动手能力不足

在校大学生的理论知识较充分，但实际操作能力有限。实践育人是当前各高校人才培养过程中相当薄弱的一环。有调查显示，应届大学生到岗工作后，实际知识转化率不到40%，且多数学生不能把这些知识变成自己岗位需求的实际能力。由于种种原因，民族地区高校的一些学生专业基础不扎实，实践能力和动手能力不足，这直接影响了学生的就业。

（四）考研并不是最好的对策

有部分学生对所谓"毕业"即将面临的就业挑战准备不足，选择考研深造取得硕士或更高学历，以推迟和减缓当前的就业压力。

为解决上述问题，学校必须结合学生实际，围绕民族地区经济社会发展需要，采取有效措施，分门别类地开展有效指导，创新大学生就业与创业工作思路，提高工作水平和质量，这样才能提高大学毕业生的就业率，实现高校肩负的育人使命。

二、实施分类指导，开创民族地区高校大学生就业创业工作新局面

（一）分类指导的概念

当代大学生属"90后"的青年群体，他们绝大多数崇尚个性、特立独行、比较自我，在思想认识、价值观选择等方面具有独立性、多样性和多变性。不同类别的学生群体在就业创业上也存在很大差异。因此，只有在充分尊重不同类别学生特点基础上实施分类指导，以增强就业指导工作的针对性、适用性和实效性，才能更好地推动就业工作的开展并取得较好的成效。分类指导是相对全面（面向全体、整齐划一）指导而言，是对某一方面意愿的大学毕业生进行强化的指导。

（二）分类指导的类型

按大学毕业生意愿，分类指导的类型可分为就业、考研、创业三类。

1. 就业指导

（1）将基层就业作为抓手。民族地区学生大多家境贫困、吃苦耐劳、朴实真诚，适合到基层工作，而且发展空间比较大，是基层单位"用得上、留得住"的人才。因此，广大教师在教学与管理过程中，要结合当前国情、国策，加强对学生思想教育和政策引领，引导其端正就业态度，树立"行行可建功、处处能立业、劳动最光荣"的就业观。对自己要准确定位，意识到自己也是社会的一个普通劳动者，职业不分高低贵贱，只要凭劳动和实力就业，就能实现人生价值和理想。应通过参与"农村特岗教师""三支一扶""大学生村干部""到藏区任职""西部计划""预征入伍"等项目，拓宽就业渠道。同时，教师要

通过跟踪调查、不定期深入用人单位进行调研与慰问、提供援助，帮助他们安心工作，提高其就业稳定性。

（2）加强与地方政府联系，为少数民族毕业生就业开绿灯。民族地区少数民族学生汉语基础水平相对偏低，受生活习惯、宗教意识和传统观念的影响，与内地大学生在同等竞争条件下相比优势不足，这也使民族地区用人单位面临有岗无人的局面。学校可借"政府调控"，加强与地方政府的联系。通过制定相关优惠政策，为少数民族大学毕业生就业提供便利，如在一些紧缺岗位，可采取只面试不笔试的方式招聘民族生，以提高民族生的就业率。

（3）加强社会实践，培养实践能力和动手能力。所谓"实践出真知""临渊羡鱼，不如退而结网"都说明：实践是提高个人能力的最好途径。而当今社会，很多企业都希望招到既懂专业知识又有较强实际操作能力的人才。

民族地区高校应充分利用国家当前发展民族地区服务性产业的机会，注重实践，强化实践育人。要根据地方产业发展趋势和要求，积极推进校企合作、校地合作，加强与周边有限中小企业、地方政府合作，共建实习实训基地，如与旅游为主导产业的中小企业和民营企业合作，组织学生进行酒店管理、餐饮服务和企业管理等的实践。同时，组织和开展各种社会实践，如推动学生参加社会调查、社团活动、志愿者服务、公益活动、创新创业训练、科技发明、勤工助学、大学生创业科技园等活动，增强实践能力和动手能力。强化实践育人，组织学生参加各种社会实践和志愿者服务活动，增强创新创业能力。

（4）开设双语专业，培养跨文化素质人才，拓宽就业渠道。民族地区尤其是边远地区，人们的汉语基础极其薄弱，听不懂、不会说汉语的现象较为普遍，加上自然环境条件艰苦，造成许多优秀人才外流，导致双语人才严重断层。

结合此状况，民族地区高校可针对民族地区农、牧、林、旅游、教育等系统对双语人才的"多行业、少批量"的实际需求，增强专业设置与市场需求的契合度，开设如旅游管理、法学、农业、畜牧、导游、文秘、学前教育等双语专业，为民族地区经济社会发展培养"听得懂、说得来民族语言和下得去、留得住、用得上"的具有跨文化素质的实用人才。还可适时增设"三语"（汉语、民族语、英语）专业，深入挖掘、整合多元文化办学资源，提升学生就业能力。

（5）加强思想教育，变依赖为主动，提高主动意识。现代人要在竞争中立稳脚跟，需要有极强的主动意识。在主张个性解放和主人翁意识的时代，企业员工也会因各人情况不同而存在差异，但每个员工都希望做"一流员工"。

因此，在教育教学中，我们必须重视思想教育，引导民族学生增强主动意识，变依赖为主动出击，把"要我做"转换成"我要做"，见贤思齐，不等、不要、不靠，主动创造条件，积极寻找并把握各种就业机会，实现就业。

（6）加强沟通技能的培训，提升民族学生就业能力。有效沟通可增进彼此了解、减少互相猜忌，增强团队凝聚力，改善人际关系。戴尔·卡耐基沟通理论认为：一个人的事业成就只有15%来源于他的个人知识能力、技术素能，另外85%要靠他的社会沟通能力，包括倾听与沟通的能力、处理冲突的能力、建立关系的能力、合作与协调的能力、说服与影响的能力以及让人信赖的人际亲和力，而有效沟通是民族学生所欠缺的一项能力。

因此，在教育教学实践中，要加强对汉语的听、说、读、写训练，通过开展汉语基础知识大赛、汉语水平测试和普通话培训等活动，扫清汉语言文字障碍，提高语言沟通和表达能力，进而提升民族学生的就业竞争力。

2. 考研指导

提高人才培养质量是高校立足和发展的一块基石。民族地区高校不仅要培养"留得住、干得好"的实用性人才，还应根据学生继续深造和市场就业不同需求，承担起指导学生考研的责任。

（1）强化专业学习，夯实专业基础。一方面，将专业知识传授给学生并尽力拓宽专业视域，奠定坚实的专业基础；另一方面，通过言传身教，以良好的学术素养带动他们进行学术研究并形成良好的学习习惯。

（2）组织考研培训班、讲座。邀请有经验的教师和校外其他专家、学者开展专题讲座，介绍备考须知、应试技巧，提高学生考研能力。同时，组织专业教师研究分析相关院校公布的考研信息、历年试题及变化、课程重点等内容，总结规律，分析招生形势，帮助学生选择适合院校报考，增强指导的有效性和针对性。

（3）加强服务和心理疏导。一次性考研成功尤为可喜，但考研之路并非一条坦途，而是对自己毅力和恒心的一种挑战，需要学生有较强的学习积极性和坚韧的毅力。对这部分学生，系部和学校可采取一些特殊政策，如设立专门的考研学习室和单独宿舍以提供良好的学习环境；妥善处理学习与实习之间的矛盾等。同时，不定期开展一些心理咨询或讲座，进行心理疏导，让他们长期保持良好的学习心态和动力。

3. 创业指导

2013年，党的十八大和十八届三中全会，对推进实施创新驱动发展战略、加快建设创新型国家和人力资源强国、推动以创业带动就业做出了一系列重大决策部署。教育部部长袁贵仁在2014年高校毕业生就业工作视频会上强调，要把创业作为今年工作的重中之重，进一步强化创业教育和指导服务，激励高校毕业生创新创业。这为当前和今后一个时期，全面做好民族地区高校创新创业教育和创业指导服务工作明确了任务。结合民族地区学生生源实际，针对有创业意愿的学生要抓好创业指导，强化"双创"精神。

当代大学生较之普通劳动者和创业者而言，具有年轻、有丰富的理论知识和独特个性见解、胆大聪明、接受新事物和信息的速度快、在创业上具有一定优势等特点。但也存在明显劣势,即缺乏社会经验且大多数急于求成,同时还缺乏一定市场风险意识和商业管理的经验。因此,须强化相关方面的指导。

(1) 加强特色学科建设,激发学生兴趣和好奇心,培养创业精神。21世纪最显著的特征和灵魂就是创新,而创业的关键也是创新。美国国家精神的杰出代表约翰·D.洛克菲勒曾说过:"如果你要成功,你应该朝着新的道路前进,不要跟随被踩烂了的成功之路。"钱学森也说过:"所谓优秀学生,就是要有创新。没有创新,死记硬背,考试成绩再好也不是优秀学生。"因此,学校应创新人才培养机制,鼓励学生个性发展,挖掘潜力,营造自由探索、勇于创新的气氛,让其在校期间获得未来发展的素质与能力并养成良好习惯。

(2) 加强创业教育课程设置,增强创业能力。特色是高校在长期发展过程中形成的唯一的和不可模仿的优势和个性。民族地区高校是以服务区域经济社会发展、传播民族文化、培养民族地区人才为目标的,而且具有得天独厚的、丰富的主流文化和民族文化特色的院校。民族地区高校应立足民族地区,积极调整人才培养目标,重视创业教育,通过知识传授、创业典型案例分析、创业专题报告会或讲座,加强创业辅导,普及工商注册、营销策略、财务管理、企业管理等创业知识,培养学生创新创业理念,还可通过组织学生成立校园家政公司、广告公司等创业实体,开展相关业务,增强学生创业能力。

(3) 利用民族地区亟待开发的原生态资源,寻求创业新机。民族地区虽因地理位置偏僻,经济发展相对滞后,城市化进程较为缓慢,对外来文化影响和信息接收迟缓,但在水电、医药、矿产、畜牧等原生态资源方面亟待开发。加上,作为中华民族传统文化重要组成部分的民族文化是民族地区高校拥有的特殊资源。学校可结合上述优势:一方面,引导他们对虫草、雪莲、松茸、雪茶等进行培植或销售;另一方面,积极挖掘民族文化市场,培养民族艺术专业人才。通过民族音乐、舞蹈、绘画等专业或课程,培养民族民间音乐、舞蹈和民族民间艺术设计、唐卡、绘画等专业艺术人才,以寻求更多创业机遇。

(4) 积极建设创业基地,引导学生自主创业。民族地区高校所在地是一个民族杂居的地方,学校应尽量在有限的资金和场地条件下建设创业基地,坚持理论与实践相结合,引导学生结合专业特点,在民族经济、文化、教育、旅游等领域进行模拟创业和自主创业尝试。通过开展创新创业竞赛、校内创业实践、大学生创业引领计划等活动,让学生获得创业经验。还要通过政策咨询、项目开发、风险评估、就业指导和跟踪服务,结合当地就业部门建立的大学生创业孵化基地,争取优惠政策扶持和帮助有项目学生,提高创业的成功率。

综上所述,虽然"一千个读者眼中就有一千个哈姆雷特",不同个体有不同的个性、看法或思想,但皆有共性。民族地区高校各教学单位和职能部门,可在充分了解学生个人意愿、想法的基础上,归结相近或相同愿望,分类进行就业指导,以增强指导的实效性,提升就业创业工作水平并开创就业工作的新局面,促进大学生顺利就业。

第五节 加强民族大学生个性化就业指导策略研究

一、当前形势下民族大学生就业局限

(一) 受区位劣势制约，就业环境有限

四川民族学院是 2004 年甘孜州整合财经学校、农牧学校、工业技术学校、林业技术学校和康定民族师范学校等多所中专学校教育资源，于 2009 年在原康定民族师范专科学校基础上升格而成的位于四川藏区的一所全日制本科院校。学校偏居于边远民族地区，远离中心城市，交通不便、信息滞后，周边稀缺大型企业，用人单位的吸纳量十分有限，导致民族学生就业相对困难。

(二) 学生就业能力不足

1. 就业观念陈旧、思想相对保守

民院学生大部分来自康巴边远山区，当地经济发展迟缓、基础教育参差不齐，汉语水平较低。不少学生受家庭（家族）传统、宗教及习俗等的影响，就业观念比较保守，认为自己是"精英教育"下的"天之骄子"，沾沾自喜，故步自封，依赖性强，而且普遍存在"等、靠、要"的思想，希望社会、政府、学校、老师提供就业机会。但同时，他们又眼高手低，就业渠道单一。有关调查显示，一些待业民族大学毕业生（其中一部分家庭经济状况较好）眼高手低，渴望"一次就业定终身"，视公务员、事业单位职工或教师招考为唯一出路。而对到企业或基层工作不屑一顾，认为条件艰苦，更不愿参加各种"双选会"，更谈不上进行自主创业。

2. 缺乏适应市场需求的职业生涯规划指导

中国相当多的大学生没有接受过比较系统的职业生涯培训，不清楚如何做适合自身特点的职业规划，选择职业的动机模糊，缺乏利用社会资源来建立或改进自己的职业规划的意识。在"市场导向、政府调控、学校推荐、学生和用人单位双向选择"的市场就业体制下，更多的是凭本事和实力。如果一味地求稳，不转变思想和观念，只盯着待遇好、地位高、稳定性强的公务员或事业单位，就会使自己的就业面更为狭窄。

3. 汉语基础普遍偏低，沟通交际能力不足

受传统文化和教育背景影响，民族学生（尤以来自偏远地区的为主）汉语水平较低，普遍存在听不懂且不太会说汉语的现象。由于无法顺畅地进行有效沟通，致使人际交流受

阻而影响就业。

4. 学习方法单一，主动性和实践性不足

多年来，藏区基础教育薄弱，绝大多数民族生缺少竞争意识，学习方法单一、死记硬背（只重背不重学），被动接受知识且缺乏学习主动性，应变能力和相应实践能力不强，专业基础不牢，而且不会灵活安排时间，自学能力较弱。

综上所述，民族大学生普遍缺乏积极的就业观念和提升求职能力的思想，不了解就业市场需求，不善于分析自己的优势、特长与不足，因而导致就业不顺。

作为一所地方性民族院校，肩负着为地方社会发展培养"下得去、靠得住、干得好"的实用型人才的时代使命，我们面对这些问题时，唯一出路是用冷静态度找出对策。要加强个性化就业指导，积极引导学生转变其就业观念，提升就业能力，从而更好地促进其顺利就业。

二、民族大学生个性化就业指导的策略——立足藏区，服务藏区

（一）民族大学生个性化就业指导的内涵

所谓民族大学生个性化就业指导，就是根据民族大学生的实际情况，指导和帮助其正确认识自己所掌握的专业知识结构，准确分析自身性格、特长，积极转变就业观念，努力提升就业能力，科学确定符合自身实际的就业期望，以提高就业成功率。

（二）个性化就业指导策略背景

2010年1月，中共中央、国务院召开第五次西藏自治区工作座谈会，会上明确提出，"要大力推进经济建设，从西藏资源条件、产业基础和国家战略需要出发，统筹规划，科学布局，着重培育具有地方特色和比较优势的战略支撑产业，稳步提升农牧业发展水平，做大做强做精特色旅游业，支持发展民族手工业，加强基础设施建设和能源资源开发，深化改革开放，增强自我发展能力，以推进西藏跨越式发展和长治久安。"而实现上述目标，需要大批人才。

甘孜州政府《关于建设美丽生态和谐幸福新甘孜的意见》（甘委〔2012〕83号）提出"发展生态经济，加速生态优势转换，大力发展旅游、高原特色农牧业……""打造高原特色城镇，大力发展现代服务业，彰显康巴文化"，这给民族大学毕业生就业带来了许多新机遇和发展空间。

为迎接新机遇、应对新挑战并促进藏区跨越式发展，要加强大学毕业生个性化就业指导，注重其素质培养和能力提升，而且必须从以下几个方面入手。

1. 端正就业思想，鼓励和支持毕业生面向基层就业和自主创业

近年来，国家出台了一系列鼓励高校毕业生到基层就业的优惠政策。基层就业一般是指到城乡基层工作。"基层"既包括广大农村，也包括城市街道社区；既涵盖县级以下党

政机关、企事业单位,也包括社会团体、非公有制组织和中小企业;既包含自主创业、自谋职业,也包括到艰苦行业和艰苦岗位工作。

大多数民族学生因自幼生活在民族地区,懂民族语言,熟悉当地民情和环境,加之其身份朴实、性格开朗的特点,更适合在藏区基层及中西部开展工作,是"用得上、留得住"的人才。因此,应结合当前的国情、国策,引导他们端正就业思想,准确定位自己,意识到自己也是社会的一个普通劳动者。职业不分高低贵贱,只要凭借劳动和实力就业,就能实现人生价值和理想。虽然追求优越的生活方式和舒适的工作条件无可厚非,但却不能无视就业市场以及形势变化的现实,片面追求去大城市、大机关和外企工作。

在教学教育中,我们可通过多形式、多渠道的个性化指导,积极宣传国家各项就业政策,引导民族大学生把握机遇,认清方向,转变就业观念,树立"行行可建功、处处能立业、劳动最光荣"的就业观,有效利用国家就业项目,将自身发展和国家需要结合起来,积极到西部、到基层、到中小企业就业。

同时,学院还可以通过跟踪调查,不定期深入用人单位,对大学毕业生进行调研、慰问,提供援助,让他们安心工作,提高其就业稳定性。

鉴于民族大学生多因汉语基础水平不高,在各种公招考试中难以取得理想效果,使藏区用人单位面临有岗无人的现象,可借"政府调控"之手段,依托地方政府,制定相应的优惠政策。如在藏区的人才紧缺部门广开招贤之道,可采取只面试不笔试的方式招聘民族生,以提高民族生的就业率。

2. 密切关注藏区就业前景,加强特色学科建设,创新人才培养模式,提升学生就业竞争力

特色是高校在长期发展过程中形成的唯一的和不可模仿的优势和个性。高校应立足藏区,深挖其固有资源,突出民族性、地方性,重视人才培养质量,积极调整人才培养目标,不断优化学科专业结构,创建特色品牌专业,打造亮点,提升人才培养对社会需求的适应性。学院可充分发挥个性化就业指导的作用,根据市场需求,围绕职业路径重组教育政策和就业政策,逐步调整专业设置,增强针对性,提高学生的就业和创业能力。

(1) 开设藏汉双语专业。康巴藏区尤其是边远地区,人们的汉语基础极其薄弱,听不懂、不会说汉语的现象较为普遍。再加上自然环境条件艰苦,迫使许多优秀人才纷纷调离藏区,导致藏、汉双语的人才严重断层。

结合此种状况,院校可针对藏区急需的农、牧、林、旅游、师资等行业对双语人才的"多行业、少批量"的需求实际,以增强专业设置与市场需求的契合度为出发点,开设如旅游管理、法学、农业、畜牧、导游、文秘、学前教育等藏汉双语专业,为藏区社会发展培养"听得懂、说得来藏语"和"下得去、留得住、用得上"的具有跨文化素质的实用人才。适当时还可通过增设"三语"(汉语、藏语、英语)专业,深入挖掘与整合多元文化办学资源,加强对民族语言、文化、风俗及民情的教学,提升其就业能力。

（2）利用藏区丰富的可开发原生态资源来拓宽就业领域。藏区因地理位置偏僻，有许多可开发的原生态能源资源，如水电、医药、矿产、畜牧等。而作为中华民族传统文化重要组成部分的藏族文化，是该类民族院校所拥有的特殊资源，为学生提供了开展多种文化教育活动的优越条件。学院可结合民族学生在藏区的生活经历及学院教学资源，有意识地培养他们的就业能力和兴趣，拓宽其就业领域：一方面，引导他们对虫草、雪莲、藏红花等药材进行培植和销售，可促进民族医药行业的发展；另一方面，积极挖掘民族文化市场，培养民族艺术专业人才。藏区有这样一句谚语："会说话就会唱歌，会走路就会跳舞。"而民族学生大多较活泼热情，具备能歌善舞的民族特点，学院可充分利用本土资源，开设民族音乐、舞蹈、绘画等专业或课程，培养民族民间音乐、舞蹈和民族民间艺术设计、唐卡、绘画等专业艺术人才。

　　（3）利用藏区旅游、饮食等服务性产业的良好发展前景，注重实践，培养有区域特色的服务型人才。"实践出真知""临渊羡鱼，不如退而结网""坐而论道，莫若起而行之""不经历风雨怎能见彩虹，没有人能随随便便成功"。这说明实践是提高个人能力的最好途径，要注意利用一切可以利用的机会进行实践。经历是人生的一笔巨大财富，要重视每一次实践机会，锻炼自己的实践能力。当今社会，很多企业都希望招到既懂专业知识又有较强实际操作能力的人。大学生只有具备一定的实践能力，才能学以致用，顺利就业。

　　根据地方产业发展趋势和要求，民族院校应加强与当地政府的联系，整合旅游资源，通过校企合作，促进以旅游为主导产业的相关中小企业和民营企业内发展。可组织学生参加酒店管理、餐饮服务和企业管理等实践活动，提升他们的实践能力和动手能力。

3. 加强思想教育，变依赖为主动，提高主动意识

　　现代人要在竞争中立稳脚跟，需要有极强的主动意识。彼得·德鲁克认为："在产业工作时代，对大多数人以计件取酬的'体力工作者'强调整齐划一的服从性……'知识工作者'则必须要发挥出自己的主动性才能创造出有价值的业绩。"一个人，如果多做一点，就多了一份展示自我的机会，斤斤计较者永远不会得到领导的重视，也将一事无成。主动付出越多，进步机会就越多。阿尔伯特·哈伯德在《把信送给加西亚》一书中强调，"年轻人所需的不仅仅是从书本上学习来的知识，也不仅仅是他人的种种教诲，而是要塑就一种忠于上级的托付并迅速采取行动，全力以赴完成任务"。

　　因此，在教育教学中，我们必须重视思想教育，引导民族学生增强主动意识，变依赖为主动，把"要我做"转换成"我要做"，见贤思齐，不等、不要、不靠，主动创造条件，积极寻找并把握各种机会，这样才有利于就业。

4. 加大对民族毕业生的培训力度，提高就业实力

　　第一，要进行职业生涯规划指导和心理辅导。个人职业生涯规划的核心是要准确定位自己，规划自己。"人生成功的秘诀在于机遇来临时，你已经准备好了！机遇对于任何人

来说都是平等的,千万别在机遇面前说抱歉。"我们可充分利用教学资源帮助他们做好职业发展规划,并尽量落到实处。

要通过就业形势与政策分析,积极引导其转变就业观,确立多元就业和自主创业思想及"先就业,后择业,再创业"的现代就业观。要加强心理辅导,以"一对一"的指导、咨询和帮助,缓解学生的就业心理压力。要消除自卑、保守等不良心态,培养其健康的心理品质,做到自立自强,提高自身素质。学生不仅要学好专业知识,而且要学习计算机理论与实际操作技术,掌握现代办公的方法与手段,努力做个工作上的"多面手"。

第二,重视并加强汉语言文字培训,提升沟通交际能力。人类最伟大的成就来自沟通,最大的失败来自不愿意沟通。俗语称:三寸不烂之舌胜于百万大军,可化敌为友。

所谓沟通,是指运用语言、文字或一些特定的非语言行为(指外表、脸部表情、肢体动作),把自己的想法、要求等表达给对方,以增进彼此了解、减少互相猜忌,增强团队凝聚力,改善人际关系。

在教育教学实践中,应加强对汉语的听、说、读、写训练,可通过开展汉语基础知识大赛、汉语水平测试和普通话培训等活动,帮助学生扫清文字障碍,提高汉语文化素质。同时,依托演讲与口才协会、康巴青年艺术团等学生社团,组织学生开展各种学生活动,提升民族学生的组织管理能力、心理承受能力、人际交往能力和应变能力等综合实力。

第三,举办公务员、事业单位人员和教师招考培训班。要针对有关招考工作认真组织考前强化培训班,开展笔试和面试技巧突击练习、强化训练,加强公文写作训练,以提高民族学生应试能力和就业竞争力。

第四,引导民族学生进行自主创业。要积极引导民族学生有效利用多民族杂居的环境,充分发挥本民族语言文化的优势,在民族经济、文化、教育、旅游等领域自主创业。可通过举办各类创业大赛、校内创业实践等活动,让他们获得创业经验,并根据当地就业部门设立的大学生创业基金或创业孵化基地的有关支持措施,帮助有创业意愿的民族学生进行创业,通过专业指导和帮扶,实现成功创业。

参考文献

[1] 程森成.大学生职业生涯规划[M].武汉:武汉大学出版社,2009.

[2] 胡伟国.大学生职业生涯发展指导[M].杭州:浙江大学出版社,2010.

[3] 李斌成.大学生职业生涯规划[M].武汉:华中科技大学出版社,2009.

[4] 宋成学,韩菲.职业生涯发展与规划[M].北京:中国财政经济出版社,2009.

[5] 陈社育.大学生职业心理辅导[M].北京:北京出版社,2003.

[6] 曾凯民.求职之路——谋职实务与技巧[M].上海:上海科学技术文献出版社,2000.

[7] 杨一波.大学生职业生涯规划与就业创业指导[M].北京:中国经济出版社,2012.

[8] 鄢敬新.职业生涯规划宝典[M].青岛:青岛出版社,2005.

[9] 王玉砷.大学生职业生涯规划理论与实践[M].北京:中国经济出版社,2013.

[10] 戴建兵.学生职业发展规划教程[M].北京:北京师范大学出版社,2013.

[11] 葛玉辉,宋志强.职业生涯规划管理实务[M].北京:清华大学出版社,2011.

[12] 许惠鹏.大学生求职面试实务与技巧[M].合肥:安徽人民出版社,2003.

[13] 王扎西.西北民族大学校友风采(第三卷)[M].兰州:甘肃民族出版社,2010.

[14] 韩亚超.中国就业现状与对策研究[D].沈阳:东北大学,2010.

[15] 周明权,刘砥,李会娟."双一流"建设背景下西南民族地区高校就业指导教育实效性提升研究[J].才智,2019(35):158-159.

[16] 常海亮.新疆高校少数民族大学生就业指导课程建设研究[J].西部素质教育,2017,3(6):84-85.

[17] 刘丕勇.民族高校就业指导工作现状、困境及对策[J].民族高等教育研究,2016,4(4):53-55.

[18] 蒋继锋.关于内地高校中新疆籍少数民族大学生就业指导问题的思考[J].就业与保障,2022(6):109-111.